あらゆるタイプのお客様に選ばれる

一生使える

「接客サービス」の教科書

三上ナナエ

元CA・人材教育講師

大和出版

はじめに　記憶に残る人がしている、気遣いより大切なこと

「自分なりに頑張っているけれど、お客様にご満足いただけているか不安」

「お客様第一を考えて応対しているけれど、なぜか空回りしてしまう」

「手厚いサービスやおもてなしをしているはずなのに、なかなかリピーターになってくださらない」


あなたは日々接客をする中で、このように悩んでいませんか？

お客様の役に立ちたい、なんとか喜んでいただきたい――。そう思っているのになぜかうまくいかない。

一方で、どんなお客様からも喜ばれ、「またあなたに接客をしてほしい」「あなたから買いたい」と言われる人もいます。

こういった〝お客様に選ばれる人〟は、何をしているのでしょうか？

初めまして、三上ナナエと申します。

私はANAでCAの経験を積んだ後、そこで学んだノウハウを皆さんにお伝えしたいと思い、現在は人材教育講師をしています。ホテルやジュエリーブランド、アパレル、飲食店、医療機関、市役所に至るまで、様々な接客現場で指導や研修を行ってきました。

現在は教える立場ですが、CAの頃には、皆さんと同じようにたくさん悩み、壁にぶつかってきました。

そんなことから私は、〝お客様に選ばれる人〟の秘密が知りたくて、CA時代は仲間のスタッフの行動を、現在は研修を通して出会う方々の接客方法について研究してまいりました。

そこでわかった、選ばれる人の共通点は何か?

それは、「お客様の不安や不満を取り除くことに努めている」ということでした。

不安や不満を解消する――。これは接客サービスの基本中の基本です。

「え? そんなことでいいの?」と思われるかもしれません。

でも、本当です。お客様に満足していただくために必要なことは、感動を呼ぶような大げさな仕掛けや、過剰なサービスではないのです。

では、お客様はどんな時に、不安や不満を抱くのでしょう。

それは、サービスの本来の目的が損なわれた時です。

航空会社であれば「目的地まで時間通り安全に移動していただく」、飲食店であれば「安心して美味しい料理を楽しんでいただく」、運送会社であれば「品物を傷つけずにきっちり納期までにお届けする」、ホテルであれば「安心してゆっくりお休みいただく」——。こういった目的が損なわれると、お客様は不安や不満を感じます。

そうならないように、サービスを提供する側は心配りをしていきます。

この基本ができているからこそ、プラスアルファの気遣いが心に刺さるのです。

実際に私がこれまでお会いした〝接客のプロ〟と言われる人ほど、この基本を大切にしていました。

つまり、接客に携わり始めたばかりの人はもちろん、何年も経験を積み重ねた人にとっても、〝基本〟こそが何よりも欠かせないキーポイントなのです。

詳しくは本文でご紹介しますが、本書では「お客様の不安や不満を取り除く」という視点を根底に置いたうえで、以下の流れで話を進めていきます。

第1章では、お客様に選ばれるための接客の心がまえについて。
第2章では、お客様の隠れたニーズの見抜き方について。
第3章では、好印象を抱かれる立ち居振る舞いについて。
第4章では、一瞬で心をつかむ話し方・聴き方について。
第5章では、様々なケースのクレーム・カスハラ対応について。
第6章では、接客力向上をはかるための日々の習慣について。

もう一つ、この本では「なぜそれをするのか」、理由や目的を大切にしています。

本書を手に取られたあなたは、きっとこれまでにも、研修や書籍、マニュアルなどで、接客サービスの基本や「型」を学ばれてきたことと思います。

昨今の接客現場では、以前にも増して、国籍、文化、宗教、価値観、考え方などが異なる、多種多様なお客様と対峙することが求められています。

あらゆるタイプのお客様に選んでいただくには、「型」を理解したうえで、相手の立場に立ち、的確に崩していくことが必要なのです。

その際に「なぜそれをするのか」を理解していないと、臨機応変に応対することはできません。

例えば、お辞儀の角度一つにしても、目的を考えるとすぐ行動に移せます。深くお辞儀をするのは、相手に敬意をあらわすため。謝罪をする際には、深刻度に応じて角度を変えると誠意が伝わります。

浅い角度のお辞儀は、お客様をご案内する時に適しています。なぜなら、サッと頭を下げてすぐご案内したほうが、お客様をお待たせしないからです。

すべてのことは、相手を考えての行動です。

「型」や「マニュアル」は、私たちを縛るものではなく、目の前のお客様に喜んでいただくための指標なのです。

目の前の相手に関心を寄せて、思いを巡らせ、その気持ちを適切に表現することで、結果的にお客様や関わる人たちと良い関係を築くことができる。

そして、それがあなたを一流の仕事人にし、人を魅了するような存在にすると私は考えています。

なんだか大袈裟に聞こえるかもしれませんが、決して難しくありません。

一つひとつはとてもシンプルで、「言われてみればそうだな」と思うことばかり。

大事なのはシンプルなものを意識し続け、ちょっとした行動をやり続けること。

すると、徐々に心に余裕が生まれ、視野が広がり、相手に合わせた臨機応変なサービスを提供できるといった好循環が生まれます。

そして、お店や商品、サービスに留まらず、あなたに対して愛着を持ってくださるお客様が増える、という結果に自然とつながっていきます。

スタートは、まず知ることからです。

本書を読み終えた後、あなたに、「ちょっとこれ、やってみよう」と思ってもらえたら、そして「接客って幸せをつくる仕事なんだ」と感じてもらえたら、それ以上嬉しいことはありません。あなたの幸せな笑顔に、ほんの少しこの本が役に立つことを願って。

三上ナナエ

はじめに　記憶に残る人がしている、気遣いより大切なこと

第1章

お客様に選ばれる人はここが違う「接客の心がまえ」

1 たった数秒の接客が、お客様の記憶に残る …… 16
2 「顧客体験価値（CX）」は「顧客満足（CS）」の上に成り立つ …… 23
3 常に自分の「役割」を忘れないで …… 27
4 お客様の〝基準〟を大切に扱う …… 35
5 自分の強みをサービスにプラスする …… 39
6 マニュアルは従うべきもの？ …… 42
7 チームの力でさらに顧客満足度アップ …… 48

第2章

想像以上の喜びを提供できる「ニーズの見抜き方」

1 お客様は「自分が本当にほしいもの」には気づかない …… 54
2 これで「見えないもの」が見える力がつく …… 61
3 「お声がけを求めているお客様」の見極め方 …… 65
4 接客は踏み込むくらいがちょうどいい …… 71
5 反応の薄いお客様にはこのひと言 …… 76
6 すぐに「脈なし」と決めつけていませんか？ …… 80
7 お客様との距離感の絶妙な取り方 …… 84
8 それでも気づけないと悩んでいるあなたへ …… 87

第3章

初対面から信頼してもらえる「立ち居振る舞い」

1 お客様を引きつける所作5つのポイント …… 92
2 お辞儀の角度には意味がある …… 97
3 挨拶に思いをのせる …… 103
4 〝信頼〟と〝安心〟はこの身だしなみから始まる …… 109
5 知らないうちに、お客様を不快にしていませんか？ …… 113
6 クセは無意識のうちに出ている …… 118
7 笑顔にバリエーションがある人が心をつかむ …… 122
8 マスクを着けながら、きちんと意思疎通を取るコツ …… 127

第4章

たったひと言で心をつかんで離さない「話し方・聴き方」

1 お客様にはそれぞれ〝自分のペース〟がある……134
2 「買ってもらう」「選んでもらう」を目的にしない……138
3 人の心は「声の力」で動かせる……142
4 会話が減ったからこそ、このひと言が刺さる……145
5 「気が利くね」と言われる人の言葉遣い……152
6 お客様に〝耳〟と〝心〟を傾ける……160
7 言いにくいことをさらりと伝える秘訣……165
8 電話応対は〝想像力〟がカギ……169
9 常に余裕のある人に見せる魔法の言葉がけ……175
10 外国人観光客の記憶に残る接客って？……180

Column ささやかだけど印象深い「接客エピソード集」……187

第5章
困ったお客様さえもファンになる「クレーム・カスハラ対応」

1 クレーム応対の苦手意識がなくなる心がまえ……192
2 これで安心！ クレーム応対6つのステップ……195
3 パニックになる前にできること……205
4 これでクレームは未然に防げる……211
5 ［お客様のタイプ別］クレーム応対のヒント……218
6 事前に知っておきたい、これってカスハラ？……222
7 お客様の〝言葉の裏〟にあるものを読み取る……229
8 誤解やすれ違いを防ぐ、とっておきの方法……234

Column 一生使える「クレーム応対フレーズ集」……238

第6章 もっと仕事が誇らしく楽しくなる「自分磨きの習慣」

1 できる人が必ずやっている3つの習慣……240
2 日常のささいなことも接客力向上につながる……245
3 ONでは演じ、OFFでは素に戻る……247
4 周りから学ぶ姿勢を常に持ち続けて……251

おわりに いつまでも、「新しい発見」を楽しもう

※本書は、2016年に小社より刊行した『お客様に選ばれる人がやっている 一生使える「接客サービスの基本」』(三上ナナエ著)を大幅に加筆修正したものです。

本文デザイン・図解 三森健太(JUNGLE)
本文イラスト SHIMA
DTP 白石知美/安田浩也(システムタンク)

第1章

お客様に選ばれる人はここが違う
「接客の心がまえ」

接客サービスに求められているのは、「今この瞬間、目の前のお客様が笑顔になるにはどうするか」を考えること。

実はそこに、過剰なサービスや個人のカリスマ性は必要ありません。

必要なのは、あなたの〝ささやかな気遣い〟です。

まずはこの章で、接客をするにあたって軸となる考え方を理解しましょう。

1 たった数秒の接客が、お客様の記憶に残る

お客様から選ばれ続けるために

接客サービスは何のために行うか、それはお客様に喜んでいただくためです。**お客様に喜んでいただいた結果、私たちはまたお客様から選ばれます。**

では、喜んでいただくために何をしたらよいのでしょう？

「お客様が来店したら、少しでも多くの情報を提供する」

「たくさんの商品の勉強をして、お客様に合うものを見つけ出す」

「多くの時間をかけて、お客様と関係を築く」

どれも大切なことですが、その前に、私からお伝えしたいことがあります。

「真実の瞬間」という言葉をご存知ですか。

これは今もなお多くの企業が手本としている、接客サービスを行ううえでの大切な考え方の一つです。

「真実の瞬間」は元々闘牛の用語でトドメを刺す瞬間からきていますが、ビジネス用語として広まったのは、スカンジナビア航空の元CEOヤン・カールソンの本『真実の瞬間』(ダイヤモンド社)からだと言われています。

「真実の瞬間」とは、わずかな時間の対応で、お客様は会社全体に対して何らかの評価を下すということ。

〝ある年に年間1000万人の旅客は、ほぼ平均5人のスカンジナビア航空の従業員と接した。1人の旅客と接する時間は【平均15秒】。その15秒、5000万回、旅客の脳裏にスカンジナビア航空の印象が刻み付けられたことになる。その瞬間瞬間が、スカンジナビア航空が最良の選択だったと旅客に納得させなければならない時なのだ〟

このことを常に心において対応することなしに、会社の成功はない。

ヤン・カールソンはこの考えをベースに改革を行い、3000万ドルの赤字を、CEO

就任一年で黒字化することに成功しました。

これは1980年代の話ですが、ヤン・カールソンの本『真実の瞬間』は今もなお増刷され続けています。それだけ普遍的な内容だと言えるでしょう。

ここでお伝えしたいのは、ほんのわずかな時間で会社やお店の印象はつくられるということです。つまり、長い時間をかけないと「選ばれる人」になれないというわけでなく、少しの時間の印象で「選ばれる人」になれるのです。

もちろん、長い時間をかけてつくり出す信頼関係もありますが、「たった15秒」を大切にすることで、選んでもらえることがある。

それを念頭に置くと、この先の接客でもいろんなアイデアが見えてきます。

時代の変化に負けない、接客サービスとは

変化のスピードが激しいこの時代、商品の力だけで生き残ることは熾烈を極めます。

そこであらためて力を入れる企業が増えているのが、**「CX(カスタマーエクスペリエンス)」**です。

「CS（カスタマーサティスファクション）」という言葉をご存知の人は多くいると思います。CSは「顧客満足」のことですね。

一方で、このCXは「顧客体験価値」を指します。

言葉で聞くと難しく聞こえますが、この2つの違いをご説明します。

会社ごとに定義は異なるものの、一般的に**「顧客満足（CS）」は、「ある程度お客様側が予想・期待しているものに対しての満足度」**を指します。例えば、

- 待ち時間は長くないか
- お店の陳列はわかりやすいか
- 店内外は清潔か
- 接客時は笑顔か

など。企業側がアンケートで分析・数値化し、改善点を把握する目的で、顧客満足度調査が行われます。

それに対して**「顧客体験価値（CX）」は、「お客様側があらかじめ、予想・期待をしていない体験」**のこと。目的は〝ロイヤルカスタマー〟を創出することにあります。

ロイヤルカスタマーとは、お店や商品、サービスに対して愛着を持ってくださる顧客。**競合他社に魅力的な部分があっても、そう簡単には乗り換えないお客様のことです。**

実は、私自身がロイヤルカスタマーだと自覚しているスーパーマーケットがあります。

生活圏には2つのスーパーマーケットがあるのですが、

【A店】は品揃えが豊富

【B店】は品揃えがA店よりも少ない

どちらのお店も距離、価格はそう変わりません。しかし私は品揃えでは負けているB店にいつも行くのです。それはB店のほうが「顧客体験価値」が高いからです。

例えば、

- お店のスタッフの方に声をかけると、元気よく返事をしてくれる。スタッフの方から声をかけてくれることもある

- 野菜コーナーでは担当の人が、種類の違いや美味しい食べ方を教えてくれる
- お会計後、「気をつけて帰ってくださいね」など気遣いのひと言をかけてくれる

こういった対応は期待をしていない分、心が動かされやすいのです。

対応の気持ちよいB店に行くと、「ほしい物を買う」という本来の目的以上の価値がプラスされます。

「顧客体験価値」を上げる取り組みの良いところは、投資が少ないのに効果が絶大なところです。それは、時間をかけた大変なサプライズではなく、プラスアルファのちょっとした言葉がけや気遣いだったりします。

「○○さんがいるから買いたい」「△△さんのサービスが楽しみで来店する」など、気持ちがあたたかくなったり、優しくなったり、嬉しくなったり、時には感動したり——。

そういった体験でお客様はファンになり、他ではなく「ここじゃなきゃダメだ」という気持ちになるのです。

このスーパーマーケットで私が体験したことは「真実の瞬間」だったのかもしれません。商品の詳しい説明を受けたわけでもなく、長時間滞在したわけでもなく、たった数秒、何かをしてもらっただけ。

それだけで、私は「良い印象」をずっと持ち続けているのです。

「期待していなかったけど……」

「まさかそんなこと……」

「思いがけず……」

そのようなちょっとした体験があるだけで、商品や製品の良さを超えて、それを選ぶきっかけになります。大きな対価をいただく理由になることもあります。

接客はまさにこの「顧客体験価値」を生むことができる、最大で最良の魅力あるサービスなのです。

POINT

リピーターになるきっかけは、ほんのささいな気遣い

2 「顧客体験価値（CX）」は「顧客満足（CS）」の上に成り立つ

私たちが提供できる〝価値〟とは

前項でお話しした、ヤン・カールソンの本『真実の瞬間』の中で、お客様にサービスを提供するうえで起点になる大切なことは、「交通機関としてお客様との大事な約束事〝定時運行〟である」という主旨の話がありました。

そのために職種、部門を超え、様々な取り組みをしていると。

私たちは、お客様に本来期待されている〝約束事〟の価値を提供し、その対価の一つとしてお金をいただきます。

航空会社であれば「目的地まで時間通り安全に移動していただくこと」、飲食店であれば「安心して美味しい料理を楽しんでいただくこと」、運送会社であれば「品物を傷つけずにきっちり納期までにお届けすること」であったりします。

ここで大切なのは、「顧客満足（CS）」という約束事に対してきっちりと応えたうえで、「顧客体験価値（CX）」を実現するということです。

言い換えると、まずはお客様を不安や不快にさせないこと、〝マイナス〟をなくすことを優先させるべきなのです。

レストランであれば、大前提の「安心して美味しい料理を楽しんでいただく」うえでお客様が不快に感じることをしない。

例えば、必要な時に呼んでも来ない、メニューがわかりにくい、待たされる、基本的な質問をしても答えられない――。こういうことが積み重なるとお客様はどんどん不快になっていきます。

そのような状態で「どうぞゆっくりお過ごしくださいませ」と笑顔でプラスアルファのひと言をかけたとしても、逆に「その前にすることがあるでしょう……」という気持ちになってしまうのです。

そうならないように、心配りをしていきます。

例えば、お客様がスタッフを呼ぼうとしていないか、常に目配せして呼んでいる動作や声に敏感になる。メニューがわかりにくくないかひと声かけてみる。どうしてもお待たせしてしまう時は、お詫びとともにひと言お伝えする。お客様に質問されそうな点をあらかじめ予習する、など。

この基本こそが「顧客満足（CS）」の基盤となります。

土台がしっかりしていないと、その上にいくら柱「顧客体験価値（CX）」を建てようとしてもぐらつき、意味のないものになってしまうのです。

基盤があるから、おもてなしが効く

以前に、一流のサービスで有名なホテル、ザ・リッツ・カールトンの方のお話を聴く機会がありました。そのお話の中で、お客様の想像を超えるサービスを提供するには、まずは当たり前である「お客様に安心してゆっくりお休みいただけること」を一番大切にしている、というエピソードが印象的でした。

あのザ・リッツ・カールトンも、まずは基本となるサービスの徹底が土台となっているということですね。

お客様に感動していただく「顧客体験価値（ＣＸ）」、いわゆるおもてなしを考えることは、とても大事です。**でもそれは、最初にお客様を不安や不快にさせない「顧客満足（ＣＳ）」を実現させてからのプラスアルファの部分です。**

そのような確かなステップを踏んで、「顧客体験価値（ＣＸ）」を高めていくことが大事なのです。

POINT

お客様を感動させることよりも、
まずは安心させることを考える

3 常に自分の「役割」を忘れないで

どんな取り組みでCXは上がるのか

「顧客体験価値（CX）」と言われても、どんなことをすればいいんだろう。

きっと私には難しい、機転の利く人や能力のある人でないとできない……。

そんなふうに不安になった方もいるかもしれません。でも、安心してください。

「顧客体験価値」に関わる接客力を向上させるのは、接客する個人の飛び抜けた能力ではなく、たった2つのポイントを押さえておくだけで誰でも可能です。

それは、**「会社としてどこを目指していくのかを共有する」**こと。

もう一つは、**「個人の役割を明確にする」**ことです。

そのためには、「方針の周知」と「事例や情報の共有」が大事になってきます。

会社やお店、チーム全体でやることが必要になりますが、ここさえ押さえておけば誰しもできるようになります。

先ほどのスーパーマーケットで、こんな場面を見かけたことがあります。

小学生低学年だと思われる子が一人で買い物に来て、レジで10円足りないということがありました。

レジの方（おそらく20歳前後のアルバイトの方）は、言葉が出ないその子に「今度来た時に10円多くもらえるかな」と即座に笑顔で対応していました。

ここでは、この対応が正しいか正しくないかが論点ではなく、**レジの方が自分の役割（目の前のお客様に気持ちよくお買物をしていただく）を踏まえ、「お客様の立場に立った対応」を即実行できた**こと。そして、**即断できる環境があった**ということをお伝えしたいのです。

つまり、**スタッフがその場で判断し、即行動に移せたということ**が大事なのです。

このスーパーのホームページを見ると、「お客様第一主義（喜客）で愛される企業になる」という理念を掲げ明文化していました。それが現場のスタッフにも浸透し、自分の役割として〝目の前のお客様に何ができるか〟を考え、実現しているのだと感じました。

もし、役割が明確になっておらず、対応の方針の周知、事例や情報の共有も普段からされていなければ、「ちょっと待ってもらえますか?」とその場を離れ、責任者を探して「どうしたらいいでしょう?」と判断を仰ぐ形になってしまいます。

待たされているその子は後ろに人が並んでいるし、いたたまれない気持ちになることは予想できます。

私がANAのCAとして働いていた時には、フライト後の「デブリーフィング」(振り返り・次回に活かせる内容の共有)で「仲間がしていた良い対応例」を発表し合っていました。

例えば、朝礼などを利用した持ち回りスピーチで、

- 「私がお客様の立場で嬉しかった対応」
- 「隣で見ていた! 仲間の素敵な声がけ」

こういったテーマでお題を設定すると、普段から〝何かスピーチで話せることはないか

な？〟とアンテナが広がり、自分の仕事に置き換える応用力も養えます。

顧客体験価値を上げようと狙って何かするというよりかは、「目の前の人にできることをしよう」「プロとして誇りを持って仕事を楽しもう」、そんな意識からスタートし、同僚や先輩の良いマネをしながら培われるものです。


つまり、チームで「方針の周知」と「事例や情報の共有」をしっかりやっておけば、自然と顧客体験価値は向上していくのです。

「なんでもします」でなくていい

もう一つ大切なことをお伝えします。

先ほどのスーパーのホームページをあらためて見てみると、

うちのお店は〝お客様が喜んでいただけるなら！〟を付加価値としています。


このような宣言が載っていました。

これは、「なんでもしますよ」というより「常に最善を行います」という意味なのだと、私なりに解釈しました。

誤解がないようにお伝えすると、「盲目的にお客様の言うことをきけ」という意味ではないということです。

お客様のニーズは多岐にわたるので、すべてのニーズに応えることは難しいものです。

私たちが一人で、またはチームで対応できることには限界があります。


しかし、自分に対応できることがなくても、他の形で対応できることはあります。

- あるカフェでケーキをテイクアウトできるか尋ねたところ、やっていないとのこと。かわりに、近所にあるお勧めのケーキ屋さんを紹介してくれた。
- 眼鏡のフレームが曲がってしまい、近所の眼鏡店に相談したところ、「購入店舗ではないので、万が一壊してしまうと保証がきかないため修理はできないが、クリーニングだけはさせてください」と言ってくれた。
- 旅館で出してくれたお菓子が美味しかったので、旅館の売店で買おうとしたら、「うちで買うより、ここに行くとつくりたてで他の種類のお菓子も取り扱っています。行かれてはいかがですか」と別のお店を紹介してくれた。

それらは一見、利益につながらないように感じるかもしれません。

けれども、その時にお客様が抱く気持ちは、必ず好意的で、時には感動すら覚えます。

できることの中で、「お客様にとって今一番喜ぶことはなんだろう」と想像して、応対をする。

狙う必要はありませんが、親切な応対ができれば評判が上がり、ファンが生まれ、自然とそれが広まり、必ず自分たちに良い形で返ってくるのです。

そして、無理して何かを提供するのではなく、「できることを心を込めて提供しよう」といった心持ちでいることが、あなたが無理なく続けていける秘訣でもあると思います。

お客様の喜びと私たちのやりがい

「お客様満足度」と「従業員満足度」は相関関係にあると言われています。

その関係は「サティスファクション・ミラー（鏡面効果）」と言い、ハーバード・ビジネススクールの名誉教授、ジェームス・L・ヘスケット教授らが提唱しました。

サティスファクション・ミラーとは、「従業員が職場の環境に満足し、やる気がある状態にいれば、お客様に提供するものの質が上がる」というものです。

この好循環サイクルを実現し続けることに、欠かせないものはなんでしょう？

それは、お客様からのご意見です。

お客様からご意見をいただいた　↓　問題点に気づき、改善できた

↓　お客様からの評価と感謝　↓　従業員のやる気が高まる

↓　生産性が上がる　↓　業績にも影響し、報酬アップにもつながる

この循環こそ、お互いにストレスを抱えず、気持ちよく関わり合える形だと思うのです。

仕事をするうえで、お客様の存在や言葉に支えられていることも多くあるでしょう。

新型コロナウイルスの感染拡大により、外出自粛が求められていた時に、航空会社のCAとして働いていた元同僚がこんなことを話してくれました。

「乗客数よりCAのほうが多いという状況の便に搭乗したお客様から、こんな言葉をかけてもらったの。

『こんな大変な時だけど、あなたの会社のファンだから応援しているよ。体に気をつけて頑張ってね』って。泣きそうになるのを我慢したよ。お客様に乗っていただけるのは当たり前じゃないんだなって、あらためて思わされた」

ロイヤルカスタマーのお客様とサービスを提供する側、お互いが支え合っていることがわかるエピソードです。

〝お客様が喜んでくださること〟を目指すことで、接客する側である私たちのやりがいや満足度も向上します。お互い鏡のような関係でいられたら、「顧客体験価値（CX）」も自然と向上していくのではないでしょうか。

POINT

迷ったら、「お客様が今一番喜ぶことは？」と自問しよう

4 お客様の〝基準〟を大切に扱う

喜びのポイントは人それぞれ

接客サービスとは、何のために磨きをかけていくものなのでしょうか。

それは冒頭でも申し上げたように、関わったすべてのお客様に喜んでいただくためです。

ただ、お客様一人ひとりの満足や感動するポイントは異なります。

そんな中、訪れたすべての人に笑顔でお帰りいただくために、私たちができることはなんでしょう？


ところで、ダイバーシティという言葉は昨今、一般的な言葉になりました。

ダイバーシティは直訳すると「多様性」という意味です。転じて、様々な国籍、文化、宗教、価値観、考え方、ライフスタイル、世代や性別の違う人々がともに共生、協働していくことを指してよく使われています。企業での女性活用＝ダイバーシティと捉えているむきもありますが、それはダイバーシティのほんの一つの側面に過ぎません。

これからの世界では、ダイバーシティがますます加速していくと言われています。国籍、文化、宗教、価値観、考え方が違うとは、つまりそれぞれの中にある「基準」が違うということです。

基準が違うと何が起こるでしょうか？

私の当たり前は、相手の当たり前ではなくなります。私が良いと思ったことを、相手は良いとは思わない。もしかしたらよかれと思ってしたことによって、相手が怒り出してしまうこともあるかもしれません。

互いに自分の基準を絶対だと言って譲らなかったらどうなるでしょう？　互いに自分こそ正義だと言い張って相手を責めたらどうなるでしょう？

その究極に戦争だったり民族紛争、宗教対立があったりするわけです。

誠実な気持ちを常に持つ

話が少し大きくなってしまいましたが、このような対立とはいかないまでも、日常の中でもこうした基準のズレはたくさん起こり得ます。

もちろんお客様と接客する側にも、基準の違いがあります。

接客をするとは、単なる「決められた手順をする行為」ではないと私は思っています。

「人として、人と誠実に豊かに関わり合うコミュニケーション」――それが接客サービスの本質です。

誠実に関わり合うとは、相手の中にある基準を尊重するということです。

相手が何を大事にし、何を心地よいと感じ、何を嬉しいと感じるのか？

そして言葉や態度や仕草、または時に道具を使ったりもしながら、その相手が喜ぶように提供していくことが、豊かなコミュニケーションといえると私は思っています。

相手に思いをはせて、想像し、何を望むかを考えること、まさに相手の中にある基準を考えることこそ、接客サービスの一番の肝なのです。

それが、最終的に「お客様が今一番喜ぶことを考えること」につながっていきます。

自分とお客様は違う〝基準〟を持っている可能性がある――。それを常に意識しながら、お客様のことを第一に考えると、より視野も広くなり、行き届いたサービスを提供することができます。

そういったところから、またお客様に選んでいただける存在になっていくと私は考えています。

POINT

お客様第一とは、お客様の〝基準〟を大切に扱うこと

5 自分の強みをサービスにプラスする

自分の個性がわからない

〝個性を活かして接客しよう〟

そんな言葉を聞くと「自分の個性って何？」と戸惑う人も少なくないでしょう。

「声が大きい」

「元気がある」

「人と協力することができる」

このように学校に通っていた頃の通知表に書かれていた、第三者から見た自分の特徴は今でも根本的に変わりはないかもしれませんね。

ではどうやって接客の場面で、そのような個性を表現したらよいのでしょう。

私の場合は、「パワフル」とか「よく喋る」という評価をプライベートでもされたことはありません。良い表現であれば、「おっとりしている」「話を聴いてくれる」とよく言われます。ですから、一人ひとりに寄り添うような接客が得意なほうなのかなと考えます。

しかし、「自分のことがよくわからない、個性ってなんだろう？」と迷ったり、「今までの自分とちょっとスタイルを変えたい」と思う方もいるかもしれません。

そんな時は、周りのスタッフを見て「あっ！　いいな」と思うことをマネしてみるところからスタートするのもよいでしょう。

たくさん試したうえで、しっくりくるものを残していけばいいのです。

不安になったら、「私がこういうことをやるって違うかな？」と周りに聞いてみましょう。

誰でも活かせるものがある

ＣＡ時代、ある先輩は機転の利いたジョークで、お客様との絶妙な距離感をつくることに定評がありました。

例えば、お客様が機内の化粧室のドアの開け方を迷われ、引くところを何回も押されていました。その様子に気づいた先輩はお客様に「お客様、押してもダメなら……」と声をかけ、お客様も「引いてみろ」とつぶやき、ドアが開いて笑いが起こりました。

私もそんなウィットにとんだ接客をしてみたい！　と感じましたが、その話を同僚にすると、「それは、その先輩だからうまくいくんじゃないのかな」とのこと。

確かに言う人によっては、微妙な空気になってしまう恐れもあります。

自分のプラスに働く部分を磨くほうが、良い成果が生まれやすいのは確かです。

いろんな個性のメンバーがいて、その空間は調和しています。

自分には自分の役割があり、それを磨いていくと自信にもつながります。

- 誰よりも疲れを見せない
- 誰よりも声が出る
- 誰よりも背筋が伸びている

こんなちょっとしたことでもよいのです。

恥ずかしさを感じるかもしれませんが、身近な同僚に「私の接客で『これはできてる』って思うところはどこ？」と聞くと、意外な答えが返ってくるかもしれませんよ。

POINT
自分が得意なことを活かす

6 マニュアルは従うべきもの？

決めごとに反することを求められた時

あなたの職場でも、大なり小なりマニュアルがあるのではないかと思います。
マニュアルとは、仕事・作業を進める手順や方法が明文化されているものを指します。
本来、マニュアルには以下のような目的があります。

- 経験の少ない人であっても仕事ができるようにする
- 場当たり的な対応をなくし、ミスを防ぐ
- 個人の考えで評価の基準がブレないようにする

これがあることによって、人が変わっても、ある一定の品質で商品やサービスが提供で

きるようになります。

しかし接客という場においては、このマニュアルが機能しないケースも多々あります。

正確にいえば、**マニュアル通りに対応することで、逆にお店にとってマイナスな状況を生んでしまうケースがある**ということです。

私の友人の話ですが、以前、外出時に携帯の電源が切れてしまったそうです。どうしてもすぐに連絡をとらなければいけない相手がいる状況でした。近くにコンビニも見当たらず、充電機も買えません。時間は22時近くをまわっていて、ほとんどのお店は閉まっています。

すると、まだ営業していたファーストフード店が目に入り、そこで「充電をさせてもらえないか」とお願いしたそうです。お客様はほとんどいない状況です。最初に対応したスタッフは、「すみません、充電はお断りしているんです」と言ったそうです。友人は事情を説明して、なんとかお願いできないかと言いましたが、「決まりなので……」と了解してくれなかったそうです。

このシチュエーションで、あなたならどうするでしょうか？

1 お願いをされたとしても充電はお断りする
2 お願いを聞き入れ、充電を許可する

どちらを選ぶか少し考えながら、読み進めてみてください。

マニュアルではおそらく「携帯電話等の充電は原則お断りする」と決められていたのでしょう。「コンセントの数が限られるので、受けてしまうと不公平感が出る」という理由から、お断りするというルールができたのかもしれません。

しかし、友人は非常に困っていました。店内にお客様はほとんどおらず、要望を受けたところで、何の不都合も生じるわけではありません。

スタッフがこの状況で、マニュアルを守ったことで何が起きたのか？


私の友人は、そのやりとりしている時に「とても不快だった」と言っていました。


この話には少し続きがあります。

そのスタッフは、あまりに何度もお願いされるので、奥にいる先輩に訊きにいったそうです。そして少し経って戻ってくると「わかりました。あのテーブルの奥に一箇所電源があるのでお使いください」と言ってくれたそうです。

友人は、そのスタッフにお礼を言って軽食を注文。テーブルで充電をし、連絡しなければならない人にも無事連絡をとることができました。

「本当に助かった」と話していました。

判断基準は「会社の理念」

マニュアルとは、**私たちを縛るためのものではなく、私たちが働きやすくなるように守ってくれるもの**です。

冒頭にも申し上げましたが、ミスや事故が発生する恐れがある場面は、必ずマニュアル通りにしなければなりません。お客様に迷惑をかけることになるので、必ず遂行します。

しかし、マニュアルに縛られた接客は、お客様の心に寄り添えないこともあり、不満を感じさせかねません。

本来の目的はマニュアルを守ることではなく、お客様により高い満足を感じていただくこと。真のお客様満足を目指すならば、その状況によって適切に判断し、対応する必要があるのです。これをマニュアルにすることは、非常に難しい部分です。

では、何を判断基準にすればよいのでしょう。**それは「会社の価値観」です。**

27ページでもチームがどの方向に進むのか、共有することの重要性をお伝えしました。大事なことなのでさらに深めていきます。

会社の価値観の基になるものは〝理念〟と呼ばれるものです。モットーや行動指針もまた判断基準になるでしょう。

例えば、お客様の満足度が高いことで有名な老舗旅館の加賀屋の理念は、「笑顔で気働き(常におもてなしの心で接してお客様に満足していただく)」というもの。

そのためお客様に「できません」「わかりません」と言わず、一人ひとりのお客様と真剣勝負をするつもりでサービスにあたるそうです。この理念に沿って判断をするのです。

ザ・リッツカールトンという一流ホテルには「紳士淑女をもてなす私たちもまた紳士淑女である」というモットーがあります。お客様に何かを求められた時に、「紳士淑女として振る舞い、最高のサービスをする私は、こんな時どうするだろう？」と考えるわけです。

こういう企業は、日々理念やモットーについて職場で対話をしています。

それぞれの解釈の仕方が自分都合になると、チームとしてまとまりがなくなるからです。様々なケースを例に「私たちが大事にするものを守るためには、何が必要なんだろう」と互いに考えを共有していくのです。

少し話が広がりましたが、マニュアルをしっかりと理解して行動することは大切です。それによって組織としてある一定の品質を提供することができます。

しかし、**最も大事なのは、マニュアルをそのままなぞるように実行するのではなく、自らの頭で考えること**です。その状況において、お客様にとって何を一番しなければならないかを判断する。そして時にはマニュアルとは違う行動をとることも必要です。

そのために、日頃からマニュアルについて「なぜこうすることが大事なんだろう？」と考え、私たちが大事にしなければならないことは何かということを、ともに働くメンバーと一緒に話し、考え、共有する時間を少しでもつくってほしいと思います。

POINT

時に柔軟な対応も必要。その時は会社の理念に立ち戻ろう

7

チームの力でさらに顧客満足度アップ

接客力を高める3つの条件

ここまで主に個々人でできることについて述べてまいりましたが、さらに接客サービスの質を向上するために必要なことがあります。

それは、チームの力です。

例えばＣＡはフライトの際、チームで動きますが、メンバーが固定されているわけではなく、フライトのたびにチームが変わります。

たまに有休を取ったりするとシフトが変わり、一緒に仕事をしたことがないメンバーとチームを組むという、心細い状況になることもしばしばあります。

そんな時、チーフや先輩が心細そうな私に気づき、合間を見て話しかけてくれることがよくありました。

「三上さんは○○さんを知っている？　私の同期なのよ」「いつもフライトするメンバーと雰囲気は違う？」など、緊張をほぐしてくれるのです。

チーフや先輩は、チーム全体で最高の状態でお客様にサービスができるように、そういう働きかけをしてくれていたのだと思います。しかし私個人としては、それ以上に、「個人としても存在を認めてもらえた」という感覚になり、とても嬉しかったのを覚えています。「よし、頑張ろう！」と力づけられていました。

成果を出し続けている会社や組織の多くは、そばにいる仲間が困っていたら手を差し伸べるなど、スタッフ同士の人間関係がとても良好です。

さらにはそうした連携だけではなく、スタッフ同士でねぎらい合ったり、ポジティブなフィードバックがあったりして、互いの信頼関係も強く、結果としてチームとしてのパフォーマンスが上がり、それがお客様にも伝わっていきます。

チームがチームとして成立するためには、3つの条件があると言われています。

1 共通の目的がある
2 協働する意思がある
3 コミュニケーションがある

良いチームとは、この3つがしっかり備わり、全員が意識をして動けている状態です。

会社やお店で働くメンバーは、見方によっては配属されてそこにいるのであり、給与をもらっている以上、仕事をするのが当たり前だと見ることもできます。

そういう意識でいると、連携する意識も低くなり、また慌ただしい時などは思わず、配慮のないきつい言い方をしてしまうこともあるでしょう。

「これは私の仕事じゃない」と線引きをして、その結果助け合うことが少なくなり、チームとしての生産性も落ちてしまうのです。

これは、この3つの条件に照らして言えば、**各自が各自の目的（給与をもらう、自分の担当業務を行う等）で動き、ともに力を合わせて働く意思が弱く（私は私のことをする）、コミュニ**

ケーションが希薄（互いの期待や意志をしっかり伝え合わない、ねぎらいやフィードバックがない）な状況です。

これではとても、チームとして機能しているとは言えません。

お客様だけでなくスタッフ同士でも思いやる

お客様に最高のサービスを届けるためにも、スタッフ同士が互いにお客様を思うのと同じように大切に思い、それが伝わることが重要です。

それがお互いの活力になり、チームの活力になり、最終的に顧客満足につながります。

では、具体的にどんなことをすれば、チームのつながりを強くできるのでしょうか？

例えば、

- 「おはよう」「お疲れさま」とアイコンタクトをしっかり取りながら挨拶する
- 「あれ助かったよ」とちょっとしたことに対してもお礼を言う
- 「昨日大丈夫だった？」と気遣う
- 指導ではできているところは伝えてから、「さらにこうすると助かる」とつけ加えるこういったことの繰り返しによって、スタッフ同士が互いを大切に思っていることを伝え合っていくのです。

今のあなたの職場はどうですか？　良いチームになっていますか？

チームの連携がとれていないなら、まずは上記にあげたことを、自分から言葉にしたり、行動に移してみましょう。

〝隣の人はどんな気持ちで働いていているのかな？〟と心を寄せてみると、自然とかけてあげたくなる言葉も浮かんでくるものです。

そういったことに気持ちを込めて続けることで、同じような行動をしてくれる人が必ずあらわれます。そしてそれが徐々に拡がっていきます。

「良いチームへの第一歩は、あなたの一歩から」です。

POINT

あたたかい職場から、最高のサービスは生まれる

第2章

想像以上の喜びを
提供できる

「ニーズの見抜き方」

お客様が何を求めているのか、正しく汲み取るのは難しいものです。

ただし、適切なサービスを提供するには、
この〝ニーズを見抜く力〟が欠かせません。

本章では、お客様の心の中にある期待や不安を、パッと見抜くポイントをご紹介します。

「あなたがいるからまた来たい」、そんな声が聞こえてくるはずです。

1 お客様は「自分が本当にほしいもの」には気づかない

見えない〝3つの欲求〟

さてここからは、お客様に選んでいただくためのより具体的な考え方や応対について、お伝えしていきます。

第1章でもご説明したように、私たちはまず、お客様の「不安・不満」や「求めていること」をキャッチする必要があります。

簡単には見えない「お客様の心」を見通すコツを、ここではお伝えしましょう。

お客様には「意識的に求めていること」と、「無意識に求めていること」があります。

例えば、買い物に行く時は〝予算内で収まるといいな〟〝理想通りのものがあるといいな〟――こんなことを思います。

これは意識的に求めていること。

一方、無意識に求めていることは、初めはそんなに期待してないけれど、それが損なわれると「あれ？」と不信感につながるような事柄です。

例えば、お店に入った時に〝挨拶してくれるだろうか？〟と期待はしてないけれど、何も言われないと居心地が悪く感じますよね。

購入を検討してスタッフに質問する際、〝丁寧に対応してくれるだろうか？〟とは深く考えずに声をかけるけれど、対応したスタッフに目も合わせてもらえず、冷たく返答されたら、ここで買わなくてもいいやと思ったり。

逆に言えば、**「無意識に求めていること」に気づけないと、いくらお客様が具体的に要望すること（＝意識的に求めていること）に応えても、満足していただけない**のです。

お客様が無意識に求めていることは、次の3つの欲求で整理することができます。

1　安心・安全の欲求

「安心・安全の欲求」とは、**「すべてにおいて手を抜かず、きちんと管理しているところであってほしい」と願う欲求**のことです。

お客様は目に見えている情報で無意識に、瞬時に、判断します。

例えば、第一印象では、挨拶・身だしなみ・言葉遣いなどが該当します。

入店しても挨拶がないお店は、一事が万事と解釈され、「挨拶ができないようでは、人に興味がなくサービスのレベルも低いに違いない」と判断されてしまいます。

また身だしなみに清潔感がなければ、直接見えない部分、例えば「バックヤードの衛生管理もいいかげんなのでは？」と想像されてしまうのです。

別の言い方をすれば、**ビジネスマナーである当たり前ができていないと、「あらゆることに手を抜いている」と思われるということです。**

これは、第1章でもお伝えした「顧客満足（ＣＳ）」に関わります。土台の基礎がしっかりしていないと、たとえサービスのレベルや商品の品質が高かったとしても、マイナスに映ってしまいます。

2 自尊の欲求

「自尊の欲求」とは、**「大事に扱われたい、ばかにされたくない」という欲求**です。

ここでは、「私たちが悪気なく話した言葉」が該当します。

人は誰しも軽く扱われたくないと思っています。お客様をわざと軽く扱うなんてことはしないと思いますが、しかし勘違いさせるような言動をして、結果相手が「自分は軽く扱われた」と感じてしまうことはよくあります。

例えば、お客様の質問に対して「先ほどもお伝えしましたが」と前置きをしてから回答する、なんていうのもその一つ。

言う側は悪気ないひと言であっても、「何回も言わせるなよ」「聞いていなかったのか」と、責められた気分になるお客様もいるでしょう。

「さっきも言ったよな」と思っても、余計なひと言は言わない。または表現を肯定形に変えて、よりわかりやすく伝える工夫をしましょう。例えば、

×「先ほどもお伝えしたとおり、○○はうちではやってないんです」
○「恐れ入りますが、○○でよろしければできるのですが……」

そういった心がけが大切です。

一方、お客様をお名前で呼ぶことで、自尊の欲求を満たすことができます。

なぜなら、名前で呼ばれると、相手は「自分をしっかりと認識してくれている」と感じるからです。お客様との距離を縮める効果が期待できます。

心理学では「カクテルパーティー効果」といって、ザワザワした中でも、自分の名前や興味のある話は自然と耳にとびこんでくるといわれています。

アメリカの心理学者の実験でも、男女で15分会話をしたところ、相手の名前を呼びながら会話したほうが「もう一度会いたい」と思う確率が上がったとのこと。それだけ「自分の名前＝自分自身」として捉え、大事にしている人が多いのですね。

ただし、中には自分の名前を呼ばれたくないお客様もいらっしゃるので、特にプライバシーに関わるサービス提供の場では注意しましょう。

3 平等の欲求

「平等の欲求」とは、**自分だけ損をしたくない、公平に扱われたいという欲求**です。

この欲求は他のお客様がいて、その応対との比較で感じるものです。

例えば、後から来た人の頼んだメニューが先に出た、順番を抜かされた、なんて時には口に出さないまでも不快に感じるものです。

ある行列のできる飲食店で、こうした注文の順番を意識して、細やかな対応している様子に驚かされたことがあります。

どんどんお客様が回転する中でも、席に着かれた順番に必ずお水を出すのです。効率を考えると、自分の近い位置からお水を出したほうが時間は短縮できますが、そういったお客様の心理を大切にしているのだと感じました。

もちろん何らかの理由で、特別な対応をせざるを得ないこともあるでしょう。

そんな時は、ちょっとでも理由を添えることが大事です。

「少し煮込むのに時間がかかっているので、先にこちらのお客様のものをお出ししますね」

といった具合です。

この3つの要求に応えられた時、お客様は不安や不満を感じず、安心します。

お客様の「無意識」に求めていることにアンテナをはる。

一見難しいことにも感じますが、あなたがお客様の立場になった時に、感じたことや気づいたことを活かしていけばいいのです。

そこから始めれば、見えない欲求も自然と見えてくるでしょう。

POINT

「安心安全」「自尊心を軽んじない」
「不公平と感じさせない」、この3つは絶対に損なわない

2 これで「見えないもの」が見える力がつく

〝関心ごと〟は目に出る

「目は口ほどにものを言う」ということわざがあるくらい、お客様の目の動き、視線はいろんなことを物語っています。

お客様の目線の先には、お客様にとっての関心ごとや気になることがあります。

接客時には、お客様が手に取っているものの何が気になるのかを想像し、その気になる部分の情報を伝えることが大切です。

例えば、お客様が化粧品のボトルに書かれた成分を見ている場合、「こちらはお徳用のサイズもありますよ」よりは「防腐剤が入っていないんですよ」という情報を知りたい可能性が高いです。**成分を見ているということは、そこに何らかの関心があるからです。**

また、声をかける際は、お客様が確認している事柄に沿った声がけが大事です。次のような声がけはよくありますが、これだけではお客様には響きにくいもの。


「色違いもあるんです」

「試着できますよ」

「私も使ってます」


なぜなら、これらの声がけだけでは、お客様が気になる部分をフォローできている可能性が低いからです。その一方で、

「**そちらの色**、爽やかですよね。こういったものと合わせると上品さが引き立ちます」

「**この形は**、意外と胸の部分が開かないので1枚で着られますよ」

「**お値段は**少し張りますが、この美容液は数滴でかなり伸びがいいので3か月くらいもちますよ」

これらは、**お客様が見ている部分から、関心を推測して、そこを含めて伝えています**。

自分が伝えたいことではなく、「お客様が気になっているであろうこと」を想像して声をかけることで、お客様はあなたの話を〝もうちょっと聞いてみようかな〟と思い始めるのです。

レストランであれば、お客様がメニューのどこを見ているのか。ホテルであれば、ロビーのお客様が何を探しているのか――。目線の先を観察して、想像したうえで、声がけをしてみましょう。

気づいたらすぐに声をかける

以前、私はあるショップで、スタッフの方の応対に助けられました。

購入を決めてレジで支払っているタイミングで、私はその商品の気になるところを見つけてしまいました。もうお会計をしているし、言い出しにくいなと思いつつ、その気になる部分をジッと見つめていました。

すると、袋に入れようとしたスタッフさんがその視線に気づいて、**「何か気になるところがあったら、遠慮なくおっしゃってください」**と声をかけてくれたのです。

もし声をかけてくれなかったら、「まあいいか……」とそのまま購入したと思います。満足度はかなり低くなっていたことでしょう。

でも声をかけてくれたおかげで、キャンセルができ、さらにその対応に感激して、違う商品をあらためて選んで買いました。もちろん、満足度の高い買い物ができました。

お客様は、自分の聞きたいことを聞き、見たいものを見ています。

自分の関心とは違うことを言われたり見せられても、それは目にも耳にも入ってきません。そして、**その関心にしっかりと関心を寄せてくれているとわかった時に、相手に対して信頼や好感を抱くのです。**

お客様の発している「言葉にならぬ情報」を察知して、関心ごとを想像し、そこに関心を寄せる。そのヒントはお客様の目線の先にあります。ぜひ意識してみてくださいね。

POINT

お客様の目を見れば、おのずとほしいものが見えてくる

3 「お声がけを求めているお客様」の見極め方

自分から察して声をかけるコツ

CAの仕事をしていた時、「お客様に声をかけられる前に、なるべく自分から気づいて声をおかけしてね」と先輩に言われたことがあります。

しかし、気をつけているつもりでも、サービスに集中していると半径2メートルくらいにしか意識がいかず、なかなかこちらから気づくことができませんでした。

ある先輩にコツを聞くと、「頭の先から爪の先まで、背中にも目がついているように神経を使って！」と言われましたが、その時の私にはピンときませんでした。

他にも「特に作業をしていると没頭しがちだから気をつけて。下を向いて何かしている時は1分くらいで顔を上げるようにしてるよ」や「機内サービス時にはお客様の座っている座席2列進んだら、化粧室のあたりまで視線を向けているよ」など、先輩方それぞれ工夫しているようでした。

いろいろなコツを聞いて、なんとか意識を向けることで、だんだんとそういった行動ができるようになりました。

しかし、お客様の様子を見る習慣ができても、具体的にどんな人に声をかけたらよいのか見極め方が難しいなあと悩んでいると、また別の先輩が私に「これだ！」と思うアドバイスをくれたのです。

「**お客様の肩が横に動いたら何かを探しているサイン**だから、こちらから声をかけるといいよ」

実際にその動きをされたお客様に、「何かお手伝いしましょうか」「何かお探しですか」「何かお持ちしましょうか」とお声がけをしてみると、ほとんどが何かを必要としている場合が多かったのです。

先輩方が教えてくれた様々なコツは、**「お客様のちょっとした動きにも敏感になってみて」**ということだったのかもしれません。

話をしたいお客様の特徴

また、お客様と会話をしたいなと思っても、「邪魔しちゃうかな？」「迷惑かな？」と躊躇することもありますよね。

ここでは、ある達人の「見極めのコツ」をご紹介します。

10年近く通っているクリーニング店。ずっと接客をしてくれているAさんは「いらっしゃいませ！」という挨拶とともに、気遣いの一声をかけてくれる方です。

さりげない雑談も、押し付けがましくないのです。

例えば、寒い日にクリーニングするものを渡した時、表面が冷えているのを感じ、**「外はだいぶ寒いんですねー。寒い中ありがとうございます」**など。

また別の日には、**「この時間帯にいらっしゃるのは珍しいですね」**など。

何気ないひと言を添えて、気にかけてくれます。

ひと言で返事ができる内容なので、こちらも「そうですね」くらいで会話を済ませてもいいし、自分が話したいことがあれば会話を続けるきっかけになります。

かといって、Ａさんは誰かれ構わず話しているわけではないのは、傍《はた》から見ていても感じます。私は研修講師という仕事柄、Ａさんに質問してみました。

「突然すみません。Ａさんのお声がけが素敵だなと思っているんですが、どんなことを大事にしているんですか？」

「**挨拶をした時に、こちらを見てくださる方はお話しが好きな方が多い**です。

でも声をかけてみないとわからないことも多いですから、**お客様にとって負担のないひと言を、まずお声がけする**ようにしています。

それはうちの会社の社長から教育されたことなんですよ。最初はそんな余裕がなくて全然できなくて。少しずつです」

とこっそり教えてくれました。自然に見える振る舞いにもポイントがあり、そして努力をして身につけたものだったんだなと、聞いてみてわかったのでした。

そして、意外とシンプルですが、言われてみれば「そうだ！」と思えるコツでした。

音は何かの異変？ 呼ばれなくても行ってみる

また、ある飲食店の2階席で食事をしていた時のこと。私がフォークを床に落としてしまいました。

2階にはスタッフの方がいなかったので、代わりのフォークを持って来てもらわなきゃと思っていたら、お店の方が階段を上がってきて「何かお持ちしましょうか」とすぐに声をかけてくれたのです。

「どうしてわかったのですか!?」と尋ねると、「音がしたので」とおっしゃったのです。

見えないお客様にも常に意識を向け、神経を行き届かせていることに感動しました。

こちらから察して声をかけるコツをいくつかご紹介しましたが、併せて「お客様が声をかけやすい環境づくり」もとても大事です。

スタッフ同士で話が盛り上がっている、姿勢が悪く動作がゆっくりでだるそう、疲れた表情で笑顔がないなど、実はお客様は敏感に感じ取っています。

まずは「声をかけづらい」と思われないように、変な誤解をされないように、その場にいるだけで、お客様とコミュニケーションを取っている意識を持ちましょう。

POINT

肩が横に動いたら、それは何かを探しているサイン

4 接客は踏み込むくらいがちょうどいい

押すべきか、引くべきか

接客をしていると悩むことがあります。一歩踏み込んだほうがいいのか、踏み込まないほうがいいのか。

「踏み込まないほうが無難かな」と感じることのほうが多いかもしれません。

特にお客様の求めていることを考え過ぎると、踏み込むべきか、引くべきかわからなくなるでしょう。

程度問題ではありますが、やっぱり**一歩踏み込むことは大切**なんです。

私が感じた例をいくつかあげてみたいと思います。

お店で買い物をすると、よくポイントカードを持っているか確認されます。

「ありません」と伝えると、以前は必ずつくることを勧められていましたが、最近は気を遣ってか勧められる頻度が減りました。

「手間をかけてわずらわしい思いをさせたくない」という店員さんの配慮や、「断られるのも少し嫌な気がするし」という思いも感じます。

しかし、お客様にとってメリットがあるならば、ご紹介だけでもするほうが親切です。

お得に買い物ができたり、特典がつくことはお客様にとっていいことなのですから。

私はポイントカードを持たないほうですが「こんな特典もあるので、ぜひお勧めです」と言われて、それなら得だなとつくったこともありました。


また、こんなケースもありました。ある歯医者さんで、「次回の定期診断の予約は3か月後ですが、ご都合はいかがですか」と聞かれました。私は「3か月後はまだ予定がわからないし、こちらからご連絡します」と伝えました。

今までの歯医者さんなら、ここで「ではお待ちしております」で終わります。

しかし、その受付の方は**「予約の時間は変更できますし、3か月経つと予約をするのも**

お忙しくて忘れがちになるので、ぜひ仮だけでも予約を入れませんか？」と言ったのです。

私は「それもそうだな。こうやっていつもズルズルと、自分の健康管理を後回しにするのもよくない」と思い、予約をしました。

その歯医者さんは、自分の健康管理を後回しにしてしまう患者さんに、なんとか習慣をつくってほしいという思いから、一歩踏み込んだ応対をしてくれたのです。

おかげで私は、定期的に歯の健康をチェックする習慣ができました。

あるホテルのレストランで、素敵なサービスに感激した出来事もありました。

半年がかりで準備をした仕事が無事終わり、仲間と2人、レストランで打ち上げをしていたところ、デザートをのせたプレートに「お仕事お疲れ様でした」とメッセージがチョコレートで描かれていました。

意外なサプライズにとっても感激しました。どちらかがメッセージをお願いしたわけでもなく、お店からのサプライズでした。さらにお店の方の言葉に唸りました。

それは、**「お話が聞こえてきてしまいまして……」**。

何気ない言葉のようですが、そのひと言がこのサプライズを心から喜べるものにしてくれました。もしこのひと言がなかったら、聞き耳をたてられていると感じたり、ちょっと狙っているなと感じてしまったかもしれません。

給仕の最中に聴こえてきた何気ない会話から、パッと思いついて心遣いをしてくれた、そんな場面を想像できて、本当に嬉しい気持ちになりました。

お客様より自分のことを考えていませんか？

これらに共通するのは、**「お客様にとって本当に必要なこと、メリットになることは何か？」と考えて、行動を決める**というスタンスです。

踏み込むのが申し訳ない、断られてしまうかもしれない、嫌な思いをさせてしまうんじゃないか――。こんなことが頭によぎり、踏み込めず、行動を躊躇してしまうことはあると思います。

それはほとんどの場合、**無意識に「自分が嫌な思いをしたくない」**という自分の都合で行動を決めているのです。

確かに、一歩踏み込むのは勇気がいります。

反応がないとショックを受けるかもしれません。時に嫌な顔をされることも実際にあります。よかれと思ってやったのに、余計なお世話だと思われることもあります。

しかし、あなたが「それが本当にお客様のためになる、メリットにつながる」と思うのであれば、「お客様の思ってもみなかった喜びにつながる」と思うのであれば、怖れずに勇気をもって踏み込んでみませんか。

そこで踏み込まなければ、お客様は自分のメリットになるものを得られないまま、その場を後にします。

後で知って、「なんで言ってくれなかったの？」なんて気持ちになるかもしれません。

ちょっと踏み込むことによって、「忘れられない体験」をお客様の中に残すことができるのです。

POINT

少し踏み込んだ接客のほうが心に刺さる

5

反応の薄いお客様には このひと言

リアクションがなくても大丈夫

接客をしていて、お客様の反応がいまいちだなと感じることはありませんか。

反応が薄いとお客様のニーズも汲み取りにくく、「自分の説明の仕方がわかりづらかったかな？」「何か失礼なことを言ったかな？」などとネガティブな思いがよぎります。

でもお客様の中には、元々反応が薄い方もたくさんいらっしゃいます。ですので、そこで自分を過度に責める必要はありません。

ザイオンスというアメリカの心理学者が「人は、知らない人には攻撃的・批判的・冷淡に反応する」と言っています。むしろ、そこで焦ってしまって余計に説明を重ねたり、不安に思ってしどろもどろになると、かえって不快に思われるものです。

逆にお客様の反応が薄い時に上手にアプローチできると、心を開いてくださったり、より良い関係を築くことができます。

では、反応が薄いお客様に、どのようにアプローチしたらいいのでしょう？

例えば、一通り商品の説明をした後、お客様が無言になってシーンとした時。

「今の説明でわかりにくかったところをぜひ教えてください」とソフトに聞いてみましょう。こう声がけをすることで、自分が思っていることをお客様は話しやすくなります。

反応の薄いお客様の傾向として、少し内気な方である場合が多いです。納得していないことがあったり、わからないことがあっても言い出せないのです。

そんな時、接客する側から促すことで言い出しやすくなり、納得度や満足度が上がることもあります。

言葉の裏も読む

また、こちらの問いかけに対して、お客様が何かしら言葉を発してくださった際に、意識してもらいたいことがあります。

それは、**言葉の意味をそのまま受け取るのではなく、声の調子・表情を観察して、「あれ？」と違和感があったら確認すること**です。

例えば、問いかけに対してお客様が「わかりました」と言ったとします。

しかし、この言葉一つとっても、

- 納得
- 不満
- 迷い
- 喜び
- 疲れ

このような様々な感情が裏に隠れているかもしれません。

特に不満や迷いがあるように感じたら、**「不明点があれば、小さなことでも遠慮なくおっしゃってくださいね」**と声をかけることで、本音を引き出しやすくなります。

お客様が「わかりました」と言っているのに、さらにもう一度声がけをするのはちょっと気が引ける……と思う方もいるかもしれません。

しかし、変化に気づいたのに声がけしないことは、かけることよりもリスクがあります。お客様は不満を残したまま、結局離れていってしまうからです。

こちらの思い過ごしかもしれませんが、念のため確認することが大切なのです。

「最近お客様の反応が薄いな」と感じても、自分の接客が悪いからだとダメ出しをする必要はありません。

まずは、お客様が居心地よくいられるように、そして心のうちが言いやすくなるように、何ができるか考えてアプローチしてみてくださいね。

POINT

反応の薄いお客様には、臆することなく声がけをする

6 すぐに「脈なし」と決めつけていませんか？

お客様の本当にほしいものが見えなくなる瞬間

ＣＡ時代、機内販売の売上が抜群に高い後輩がいました。その後輩にコツを訊いてみると、こんな２つの答えが返ってきました。

- 自分の好みをあてにしない
- 勝手に脈なしと決めない

まず、一つめの「自分の好みをあてにしない」について。

よく「自分が販売する商品を好きになることが大事」と言いますが、自分の好みをあてにしないとはどういうことなのか？

私も最初はよくわからず、後輩にその意味を訊いてみました。すると後輩はこんなふうに返してくれました。

「私、よくフリーマーケットをやるんですけど、これは誰も買わないだろうな……と思うものに限って真っ先に売れたりするんですよね。

ということは、**自分の価値と相手の価値は違う**のかなと思って。だから自分がいいかどうかではなく、相手にとって必要なのかどうかを考えてお勧めしています。

自分とは生活やファッションのテイストが違う人も多い。**自分の好き嫌いで決めたら、お勧めの際、自分の好きな商品にしか力が入りません。それだと売れないんですよね。**お客様の洋服や持ち物を観察したり、質問して、『こういうお洋服をお持ちなら合わせやすいですよ』と確かめながら、ひと言プラスしていくんです」

いかがでしょう？

販売する商品を好きになることは良いことですが、反面それは、「自分の好みに偏りがち」というマイナス面もあります。

自分の好みは一旦脇に置いて、お客様を観察しながら好みを想像して、お勧めの品物や言葉をチョイスしていく大切さをこのエピソードから学びました。

思い込みにとらわれないで

では、2つめについてです。

後輩はこんなことを言っていました。


「サービスや商品に少し興味があるけれど、スタッフや店員に声をかけるのをためらう方も多いはず。私は、**お客様とちょっと目が合ったら『ぜひ手に取ってみてください』と声をかけています。**

例えば、機内で販売をする際、楽しんでもらうことを目的にします。

断られたらショックだけど、サッと引き下げればいいだけの話。

振られるのが当たり前だと思えば大丈夫。**買いそうか買わなさそうか、自分で勝手に決めつけない**ようにしています」

お客様に対して、「この方は買ってくれないだろう」「お困りなことはないだろう」、そんなふうに決めつけてしまうことはありませんか？

もちろん、**お客様のニーズを汲み取ることも大切ですが、それに注力し過ぎると自分自身の思い込みにとらわれてしまうこともあります。**

時にはダメ元で声がけをしてみる、商品を勧めてみる。

そんなことも大切です。

接客中に一度、独りよがりなサービスをしていないか振り返ってみましょう。

POINT

独りよがりにならないこと、そしてまめに声がけをする

7 お客様との距離感の絶妙な取り方

特別なことが当たり前になる

お客様との距離感、特に常連の方との距離感は、悩むところではないでしょうか。常連のお客様には、特別に何かしてあげたいもの。しかし、ただ特別扱いをすればいいかというと実はそうでもないんです。

例えば、お客様との間で特別に物などをやりとりする場合、慎重になったほうがよいかもしれません。誕生日や新商品の発売など理由があればよいのですが、特に理由もなくしてしまうと、どんどんエスカレートする恐れがあります。

やがて特別扱いが当たり前になり、何もない状態がかえってマイナスに感じられてしまうのです。どんなに親しいお客様であっても、適度な距離感を保つことは、より良い関係を持続する意味でもとても大切です。

特別なことをしなくても、常連のお客様に親しみや、大切に思っていることをお伝えする方法はたくさんあります。

例えば、私が体験したり、聞いたことのある例として、

- 「いらっしゃいませ」ではなく「おかえりなさいませ」と声がけをする
- スタッフがお店を異動することになった時に、ご挨拶をする
- 新しく入店したスタッフをご紹介する
- 以前お話しされていた、お客様の好みや関心ごとをさりげなく会話の中で使う
- お客様のお好みに合いそうな他社製品をご紹介する

特に、最後にあげた「お客様のお好みに合いそうな他社製品をご紹介する」は、なかなかできることではありませんが、特別扱いをしてもらった感じがして嬉しかったのを覚えています。

あなたも、あなたならではの、常連のお客様への「さりげないおもてなし」をぜひ考えてみてくださいね。

視野を少し広げてみよう

もう一つ、気をつけておくべきポイントがあります。

それは、「常連ではない他のお客様への配慮」です。常連のお客様との親しげな様子を見た他のお客様は、心の中で「まあ私は常連ではないし、しょうがないか」と思いつつも、どこか寂しさや、疎外感を抱いてしまうことも考えられます。

場合によっては、区別をした対応を失礼だと思う方もいるでしょう。

常連のお客様に何か特別なことをする際は、**他のお客様に見えないようにしたり、声のトーンを少し落としたり、また周りのお客様にもひと言、ふた言、話しかけてみるなどといった配慮**が必要です。

盛り上がった時ほど誰かは寂しく思っているかもしれない――。そんな意識を持つことも、接客応対の中ではとても大切なのです。

POINT

常連のお客様を特別扱いし過ぎない

8 それでも気づけないと悩んでいるあなたへ

気遣いは才能？

気遣いは、その人の性格により得意不得意があるものだ、そんなふうに捉えている人も多いのではないでしょうか？

実は気遣いは大げさなものではなく、小さな習慣の積み重ねです。

ですから、誰でも意識すれば身につけることができます。

ある気遣いの達人がいます。その方の気遣いは決して押し付けがましくなく、相手に疲れや負担をまったく感じさせません。

ちなみに、この方は木村さんという方で、現在はその気遣い力を活かし、BizMowという、研修講師やコンサルタントの事務局代行のサービスをされています。

「かゆいところに手が届く」と評判で、お客様満足もとても高い方です。そんな木村さんですが、元々はそこまで細やかな気遣いができるタイプではなかったとのこと。

私は木村さんに、いかにその気遣いを身につけたのか、こっそり教えてもらいました。

「大学生の時に、会員数が500人ほどいる大きなサークルで幹事をしていたんです。飲み会をすると常時50人集まり、合宿も100~200人が参加するため、大きなホテルや旅館をよく貸し切っていました。幹事になりたての頃は、右も左もわからず、先輩からの指導も大変厳しかったです。

例えば、合宿で使うホテルを下見する時は、単純に館内のつくりを調べるだけではなく、**宴会で使う部屋のコンセントの位置や、ホテル内にコップがいくつ用意されているのかなどもチェックするよう、細かく指導される**んです。

ただチェックするだけではなく、**なぜそれをチェックする必要があるのか？**　そういう視点も叩き込まれました」

大変ではなかったのかと聴いてみると、**「最初は大変だったけれど、慣れてくると視野**

も広がり、だんだん楽しくなってきた」とのことでした。いつしかそれが習慣となり、無理せず細かいところにまで気を回せるようになったと話してくれました。

このエピソードを聴きながら、私にも似たような経験があることを思い出しました。CAになったばかりの頃、先輩たちの気遣いに驚き、細かな指導に根を上げそうになっていました。しかし、次第にその環境に慣れていくと、自分が毎日ちょっとずつ成長しているような感覚があり、またいろんな発見もあったりして、いつの間にか気遣いが自然に身についていました。

すると仕事をするうえでも余裕ができ、さらにいろんなことに気づけるので、どんどん好循環が生まれたのです。

気づいているだけでOK

もしあなたが、「自分は気が利かない」と悩んでいるとしたら、それは自分に足りない部分に気づいている証です。それはあなたにとって大きなチャンスです。

まず第一歩は、自分が「助かるな」と思う気遣いをしてもらったら気づいて、その人にお礼を言うことです。そして、気遣いがうまい人をよく観察して学んだり、コツを教えてもらうといった指導をお願いしてみてください。

最初は大変かもしれません。「そんなことまで見ているんだ」と面食らうこともあるでしょう。だけれど、その苦しさを超えれば、いつしか周りからあなた自身が、「気遣いのできる人」と見られるようになっていきます。

それは仕事だけでなく、プライベートにも役に立つまさに一生モノのスキルです。

気遣いは、後天的に身に着けることができるスキル。良いモデルに触れながらトレーニングしていけば、必ず高めていくことができます。

自分にとって大変だと思う状態に身を置き、どっぷりつかることはとても大切です。その時は大変でも一生続きません。そこを越えた先に、必ず新たな境地を手に入れることができます。ぜひ恐れずに、そんな状況を自ら選び、身を置いてみてください。

本当に、あなたの接客対応が変わりますよ。

POINT

慣れることで、気遣い力はきちんと身につく

第3章

初対面から信頼してもらえる

「立ち居振る舞い」

ちょっとした仕草に品があると、人は好印象を抱くもの。

それは、お客様も同じです。たとえ言葉を交わさなくとも、「この人に接客してもらってよかった」「この人の言うことは信頼できる」と思われる、そんな立ち居振る舞いのコツを、イラストとともにご紹介します。

ほんの少しの意識で、見違えるように変わります。

1 お客様を引きつける所作 5つのポイント

一瞬で好印象を与えられる！

お客様と接する時の態度や立ち居振る舞いは、とても大切なものです。
それは、「お客様に対する敬意」のあらわれであって、言葉以上にメッセージを発しているものだからです。

いくら丁寧な言葉を使っていても、笑顔であっても、態度や立ち居振る舞い一つで、お客様にマイナスな印象を与えてしまうこともあるのです。

では、どんなところに気をつけるとお客様に好印象を与えられるのか、5つのポイントに分けてお伝えしていきます。

1 座り方

背筋はまっすぐ、椅子には深く腰かけず、背もたれに寄りかからないように座ります。背もたれと背の間は拳一個分ぐらい空け、体幹で支えるようにして座りましょう。この時、やや前傾姿勢を取り、心臓を相手に近づけます。

また、「手の内を明かす」という言葉があるように、**手は机の上に出しておくと相手に安心感を与えることができます。**腕組みをしないことはもちろんですが、テーブルで見えなかったとしても脚を組まないようにしましょう。

2 歩き方

モデルのように歩く必要はありません。だるそうに見えないこと、頼りになりそうだと感じてもらうことが大切です。

1 足を引きずらないように歩きます。足の裏をズリズリ引きずらず、歩くたびに足を床から一度離すのがポイントです。

2 膝《ひざ》を曲げたままにしないこと。曲げたままにして動かすと子どもっぽく見えます。

3 手は決して前には振りません。バタバタしているように見えるからです。手は後ろに残すイメージで歩いてみてください。

また、通路の真ん中はお客様が歩く場所ですから、スタッフはなるべく端を歩くように心がけましょう。

3　立ち上がり方

お客様をお迎えするといった、椅子から立ち上がる場面では、**どちらかの足を後ろに引いて足で支点をつくり、スッと立ち上がります。**足で支点をつくらないと、机や椅子に手をついて立ち上がるようなしぐさになってしまうので、スマートではありません。

立ち上がったら椅子から一歩外れて、つま先、体の向き、顔の向きをお客様のほうに向け、ほんの少し前傾姿勢を取ります。椅子から一歩外れてお客様に少し近づくことで、「何でもおっしゃってください」という気持ちが伝わります。

4　物の受け渡し方

相手が受け取った時に正面になるような向きに合わせて、両手で渡します。無言で渡さず、「お品物をお持ちしました」「こちらが保証書でございます」などと一声添えましょう。

1 「○○様」と言いながら、相手の顔を見る
2 「こちら○○です」と言いながら、持っているものに視線を合わせ、弧を描くようにしてものを相手のほうに差し出す
3 「どうぞ」と言いながら、再び相手の顔を見る

このような受け渡しができると、ワンランク上の印象を与えます。

5 空間管理

人間には快適な距離感（パーソナルスペース）があり、相手との親密度に応じた適切な距離を取ることで、円滑なコミュニケーションができると言われています。

通常のビジネスの場だと、75センチ〜120センチが快適と言われており、逆に45センチ以内だと不快になると言われています。**初対面の方には、お互いが腕を伸ばした距離をイメージして、離れた位置から会話を始めます。**

物を渡すために近づく際は、アイコンタクトを取って「失礼します」とお声がけしてから、パーソナルスペースに入ります。渡し終えたらすぐに離れたり、相手に触れる際には必ず許可を得るようにしましょう。

また打ち合わせや商談などで椅子に座る時は、可能な限り、相手に対して45度の角度に座ると、お互い視線管理に過度に気を遣わなくていいので疲れにくいです。

さあ、いかがでしょうか。少し難しいなと感じるものもありましたか？

一気にすべてをやる必要はありません。一つひとつ自分のものにしてみましょう。

また、こうした「型」は大事なものではありますが、あらゆる場合で最も大切なものは、心の持ち方、つまり意識です。

お客様に誠心誠意応えようという意識、常に自分が見られているという意識。これらの意識があっては初めて、この型が本当に美しく感じのよいものになるのです。

POINT

何げない所作がお客様の心に響く

2 お辞儀の角度には意味がある

何ごとにも意味がある

「挨拶」とは、言葉と動作で気持ちを相手に伝えることです。

これは文化や風習によって様々です。例えば、日本ではお辞儀、海外では握手だったりします。

お辞儀の発祥は諸説ありますが、その一つに、刀を持っている相手に無防備な動作をして見せることで「敵意はない」と伝えたという説があります。また、握手は「武器を持っていませんよ」という象徴とも言われています。

どちらも、その目的は〝相手に安心してもらう〟こと。

自分の気持ちをわかりやすく伝えるには、言葉よりも、表情よりも、所作が一番伝わります。体の動きとは、それだけ相手に大きな印象を与えるのです。

ただし、そのやり方によって相手に与える印象が変わります。自信や信頼を与える一方で、頼りなさや信頼できなさそうな雰囲気に見えたりすることも。

人は意外と、自分の体の動きがどうなっているか自覚していないもの。知らず知らずのうちに変な所作になっていても、気づかないことがよくあります。

心が伝わるお辞儀、4つのポイント

そこで、お辞儀の所作について一度確認をしてみましょう。どんなところを意識して注意をはらえばいいのか、ここでは次の4つのポイントをお伝えしたいと思います。

1 背筋を伸ばしたまま上半身を倒す
2 上半身を倒した時は床を見る
3 倒す角度の意味を考える
4 スピードに気持ちを添える

では、一つずつ解説をしていきます。

1 背筋を伸ばしたまま上半身を倒す

背筋を伸ばし、頭から腰にかけて一直線にしたまま、腰を折って上半身を倒します。**頭だけぺこりと曲げると、子どもっぽい動作に見えてしまいます。また背中が曲がったまま倒すと、自信がない印象に映ります。**

2 上半身を倒した時は床を見る

相手の顔を見たまま倒すと下から見上げた目線になり、**ちょっと卑屈な態度に見えるものです。**「私は弱いからいじめないでね」というメッセージにも受け取られ、扱っている商品やサービス、料理などにまで良くない印象を与えてしまいます。

お辞儀をした時は、床を見ることを意識してください。

3 倒す角度の意味を考える

接客研修などで、「○○の時は45度」とか「××の時は30度」とか言われることがあると思います。でもその意味を考えないと、場にそぐわない挨拶になってしまいます。

お辞儀は、気持ちに応じて倒れた角度が最も自然な状態です。

例えば、お詫びの場面では何度と決めるのではなく、その時の深刻度合いによって変えていく。深く倒せば倒すほど、より敬意を深くあらわせます。

浅い角度のお辞儀は、例えばお客様をご案内する際にお勧めです。

深くお辞儀をするよりも、サッと頭を下げすぐにご案内したほうが、お客様をお待たせしないので適しています。

すれ違う際も、深くお辞儀をしては相手の顔を見られません。浅い角度のほうがアイコンタクトをしっかり取れます。


マニュアル的に覚えるのではなく、深くするのも浅くするのも相手を考えての動作です。


よく百貨店やホテルなどでは、お辞儀の角度を全員一致させる練習をします。

百貨店やレストランなどの開店時間に、特にわかりやすく目に飛び込んできますよね。

バラバラと角度が揃っていないお辞儀よりも、揃った角度でお迎えしたほうが、**「誰が応対しても一定の品質以上で応対させていただきます」**という象徴的なメッセージとしてお客様に伝わります。

そのために、揃える練習をするのです。

相手を考えてお辞儀をする

浅いお辞儀

お客様をご案内する際は、浅いお辞儀。角度が浅ければお客様の顔も見え、すぐに目的地にご案内できます。

深いお辞儀

お詫びをする際は、深いお辞儀。お辞儀の角度が深ければ深いほど、謝罪の気持ちをあらわすことができます。

4 スピードに気持ちを添える

お辞儀をする際、上半身を倒すスピードは速く、起こすスピードをゆっくりにすることを「ファストイン・スローアウト」と呼びます。タイミングとしては4拍子。1で倒し、2で留めて、3、4でゆっくり上げることで、ファストイン・スローアウトになります。

なぜそうするのでしょうか？　それは、倒す時は「相手よりも早く頭を下げたい」という敬意の気持ちをファストイン、上げる時は「相手よりも1拍遅れて頭を上げよう」という気持ちをスローアウトであらわしているのです。相手よりも長くお辞儀をすることで、礼を尽くす気持ちを示しているのです。

お辞儀一つとっても、動きや角度に一つひとつ意味があります。

ただ型で覚えるのではなく、その意味を考えることで、より美しく気持ちのこもった挨拶になっていくのです。

POINT

お辞儀の角度で気持ちをあらわす

3 挨拶に思いをのせる

挨拶だけで店に行列ができる!?

近所に、15年以上行列の途絶えないラーメン屋があります。

そのラーメン屋はもちろん味は美味しいのですが、その繁盛の秘密は美味しさだけではないということが訪れるとわかります。

まず一歩店内に入ると、一人ひとりへの気持ちのこもった挨拶が響き渡るのです。

厨房のスタッフも横目で挨拶するのではなく、しっかり体をこちらに向けて満面の笑みで挨拶をしてくれます。

私も初めて行った時に、別に接客の良さをあらかじめ期待して行ったわけではありませんが、思わず感動してしまいました。お店の人の繁盛にあぐらをかかない謙虚な気持ちが伝わり、とても清々しい空気が流れていました。

ある車のディーラーでは、**お客様がお帰りになる車をお見送りする際、見えなくなるまでお辞儀をしています。**

車を運転しているお客様にはその姿は見えていないかもしれませんが、そんな姿を通りがかりの人や近所の人が見て、「誠実なお店だ」「大きな買い物である車は、こんな人たちがいるところで買いたい」とお店にやってくる人がいたそうです。

言葉以上に大切なものがある

この2つのエピソードから、あなたは何を感じるでしょうか?

前項でも申し上げたように、「挨拶は大切」です。それは接客をやっている方なら、基本中の基本だと思うことですよね。「こういう時にはこういう挨拶を」としっかりマニュアルが用意されているところもあると思います。

挨拶をすること、その型というのは確かに大切です。

ただ、「いらっしゃいませ」「ありがとうございます」などの接客用語は一日に何十回と繰り返すため、ともするとただのかけ声になっている場合もあります。感情がこもっていないと、お客様もただのかけ声として認識するでしょう。

ここで本当に大切なのは、「その挨拶を何のためにやっているのか？」という意識ではないでしょうか。

言い方を変えると、「その挨拶にどんな思いを込めているのか？」ということです。

そこで、少しセルフチェックをしてみましょう。

以下に、基本的な接客用語をいくつかあげてみます。あなたはこれらの挨拶をする時にどんな気持ちで声を出していますか？　少し考えてみてください。

- いらっしゃいませ
- はい
- どうぞ
- お待たせしました
- 申し訳ございません
- ありがとうございました

さて、いかがですか？

いろんな思いがあると思いますが、私自身は総じて言うとこんな思いを込めています。

- いらっしゃいませ　＝　歓迎の気持ち
- はい　＝　素直な気持ち
- どうぞ　＝　積極的な気持ち
- お待たせしました　＝　謙虚な気持ち
- 申し訳ございません　＝　お詫びの気持ち
- ありがとうございました　＝　感謝の気持ち

言葉に思いをのせることは、ただ言葉を交換するだけでなく、思いを交換することにつながります。そうすることで、あたたかで爽やかな雰囲気を、お客様に感じていただけるのです。

先ほど私自身の例を少しあげましたが、その答えは一つではありません。

例えば、「ありがとうございました」一つとっても、

- わざわざ貴重なお休みにお越しくださり、ありがとうございます
- 気をつけてお帰りくださいませ
- またぜひお越しください

このように、いろんな思いがあると思います。

大切なのは、その時挨拶という行為を通して、相手の方にどういう思いを伝えたいのかを意識すること。

状況によって込める思いを意識して声を出すことで、自然と表情や声のトーンも変わります。同じ「ありがとうございました」という言葉が、まったく違う意味を持つ言葉のようになるのです。これは機械にはできない、人間だからこそできることです。

極論すると、発する言葉よりも、その時に「どんな思いを持ってお客様と相対しているのか」のほうが重要だと言ってもいいと思います。

私の両親が昔お店を営んでいた時、お客様が少なくなった時期がありました。
何が良くないのか考えたところ、感謝の気持ちを忘れかけていたことに気づき、もう一度初心に戻って、お客様の背中に「来てくださって感謝しています」と心の中でつぶやくようにしました。
すると、不思議なことにお客様が戻ってきてくださったんです。
お客様に思いを込めた挨拶をしていながらも、自分自身が大事なことを忘れないための効果もあったようです。

人は、相手の言葉を聴いているのではなく、その言葉の奥にある相手の意識を感じ取っているのです。

挨拶はそこに思いがのった時に初めて、相手にとって意味のある気持ちの良いものになるということを、ぜひ忘れないでくださいね。

POINT

言葉だけでなく、動きで心は伝えられる

4 〝信頼〟と〝安心〟はこの身だしなみから始まる

なぜ、身だしなみを整えるのか

「身だしなみ」は接客業に限らず、社会人1年目の新入社員研修でも必ずといっていいほど触れる項目です。これも、基本中の基本ですね。

ではあなたは、「身だしなみはなぜ大事なのですか？」と質問されたら、なんと答えるでしょう？

CA時代、フライト前には必ず身だしなみチェックがありました。規定から少しでもそれていると、すぐ修正しなければなりません。私は新人の頃、正直そんな厳しい基準に「今どきこれくらいよいのでは？」と思ってしまったこともありました。

しかしある先輩のひと言で、「なぜ身だしなみをここまで整えるのか」という理由がストンと腹に落ちました。それは**「航空会社にとって身だしなみは、安心・安全の象徴なんだよ」**というひと言です。

そう、CAにとって、また航空会社にとって**身だしなみを整える理由は、「安心・安全であることをお客様にしっかりと担保すること」**なんです。

仮に身だしなみに手を抜いたCAがいたとします。

すると、「ちょっとくらい乱れた身だしなみでいいかと思っている人が、この会社にはいるんだな」と連想する方がいるかもしれない。「それを注意せずにほっておく組織なんだな」と思うお客様もいるかもしれません。

いくらCAをはじめ航空会社の社員が、「安全運航のために力を尽くしています」と言っても、言葉だけでは本当かどうかはわかりません。

お客様に見えない部分での信頼を得るためにはまず、見てわかるところに手を抜いていないことをしっかりと示す必要があります。そこを整えていないと、お客様を不安にさせてしまうのです。

見えるところがきちんとできていれば、見えてないところも万全だとは限りません。

とはいえ一事が万事ということわざもあるように、**「目に触れる部分が整っているならば、他もすべてしっかりと整えている」とお客様に感じてもらいやすくなります。**

身だしなみを整えることは「どこでも、誰が対応しても、またどの部分に関しても高品質を保証します！」という宣言でもあるのです。

ポイントは〝先端〟

チェックリストがある場合は、そのリストに基づき、自分自身でチェックします。

さらに相手目線での確認も大事です。自分で確認をした後は、周りの人にもチェックしてもらいましょう。

では、具体的に身だしなみのどこに気をつければよいのか？

「顔の額縁」と言われる髪型は、大きく印象を左右します。表情の見え方も違ってきます。

また、人の目は特に「先端」に行きやすいようです。体全体で考えると、髪、爪、靴ですね。

まずは、前髪が目線を遮らないようにします。目にかかると、つい無意識に触ってしまうからです。またお辞儀をした時に、髪全体が顔をおおってしまうのであれば、まとめて束ねましょう。

髪を束ねる場合は、サイドの前髪を垂らしたままにすると、動くたびに揺れたり、何かに触れてしまいます。そうならない位置でまとめるとよいと思います。

爪は汚れがないか、長くないか。衛生管理が必須の仕事は、手のひらから見て爪が出ていると長いと判断されます。靴は汚れがないか、傷んでないか、特に自分からは見えづらいかかとの傷は、目立ちやすいので注意します。

外見だけで相手のことを判断し、決めつけてはいけないとは思います。

しかし外見によって人となりが垣間見えたり、相手の印象を左右してしまうのも事実。

また、自分でも「これって大丈夫かな？」と身だしなみに不安があると、振る舞いに自信を持てなくなります。逆に言うと、身だしなみがきちんと整うと身も心も引き締まり、自信をもって振る舞えるようになります。

そういった意味では、**「身だしなみ」は相手も自分も変える一種の魔法**かもしれませんね。

POINT

身だしなみは、見た目だけの問題ではない

5 知らないうちに、お客様を不快にしていませんか？

最も気づきにくいクセとは

ある時、母親に「歩く時にヒールの音がちょっと響くかも」とアドバイスされました。「年齢がいくと今まで気にならなかったことが気になるのかしらね」と母親は気を遣って言い添えてくれましたが、ずっと気になっていたんだと思います。

言われてから意識してみると、確かに結構大きな音がしているものだなと感じました。

ちょっとしたことほど、相手に指摘するのは躊躇してしまうものです。

気になっても、自分が我慢すればいいやと思って、なかなか本人に伝わらないもの。ですから、自分では気づけないままでいる。

「音」もまたそのように、指摘されないまま気づけないものの一つかもしれません。

だからこそ、時折自分の発している「音」に意識を向けてみることは大事です。

不要な音を立てないしぐさのポイント

では、そういった「音」に気づいたとして、どう対処したらよいでしょうか。

ここでは、音が立ちやすい動作をご紹介しましょう。

1 歩く

人は歩く時、かかとから着地し、腕も自然と振られます。しかし、それだと床の材質で着地の音が鳴りやすい場合には、**つま先から降りることで音を立てずに歩けます。**

また歩く際に前後に手を大きく振ると、どうしても勢いよく足も踏み出してしまうため、手はほとんど振らないようにします。

2 物を置く

物を置く時の音も、意外に自分では気がつきにくく、相手は気になる音の一つかもしれません。飲食店でお水を持ってきた店員さんが、勢いよく音を立ててテーブルにグラスを置くと、それだけで「このお店は接客が悪いな」と思ったりするものです。

テーブルにグラスを置く時は、**グラスの底に小指を添えて、クッションになるようにして置けば音が鳴りません。**これもちょっとしたコツですね。

3 ドアを閉める

ドアを閉める時もそうですね。「バタン！」と大きな音をさせていると、「なんかイラついているのかな？」とか「なんか感じ悪いな」と誤解されかねません。

ドアを閉める時は、**残り10センチくらいのところから、ドアのノブがガチャンと言わないよう、取っ手を回した状態で静かに閉めます。**

4 声の大きさ

声もまた「音」の一つです。お客様にとっては、一番気になる音かもしれません。無駄話をしないのは当たり前ですが、声もお客様に合わせて調節していきます。

例えば、あるビジネスクラスのＣＡに「担当のＣＡの話し方がうるさいから変えてほしい」というクレームが入ったことがありました。

そのＣＡの話し方は丁寧なのですが、声のボリュームが大きめなので、威圧感を与えてしまったのかもしれません。

心地よい声の大きさは、相手より気持ちプラス１くらいのボリュームです。

お客様の状態や声のボリューム・調子と大きくかけ離れていると、不快に感じやすいもの。小さ過ぎると元気がなく思われ、大き過ぎると相手を疲れさせてしまうでしょう。

いかがでしょうか。私たちはいろんな場面で「音」を発しています。そして、意外とそれに無頓着なものです。意識し過ぎて行動ができなくなるのも問題ですが、時折自分の発している様々な音をチェックして、状況に応じて調整する感覚はとても大事です。

「自分が気にならなくても、相手は気になるものだ」ということを忘れずに、音を上手に扱えるように工夫してみてくださいね。

POINT

音のクセは意外と気づかないもの。意識して調整しよう

日々の立ち居振る舞いに心を配る

歩き方のポイント

かかとから降ろすと音が響きます。初めは慣れないかもしれませんが、つま先から降ろすことを意識してみましょう。

グラスの置き方

小指をグラスの下に添えるようにしましょう。音も立ちにくく、丁寧な印象になります。

6 クセは無意識のうちに出ている

眉間にシワが寄っていませんか？

自分でも気がつかないうちに出てしまうクセは、人間なら誰しもあるでしょう。「無くて七癖有って四十八癖」ということわざもあるくらいですから。

クセは人間味でもあるので、親しみを感じられることも多々ありますが、そうは言っても接客の時には出てきてほしくないクセもありますよね。

私は「三上さん、困った顔してるよ」と新人の頃に言われたことがありました。そうなんです。どうやら私は、忙しい時に眉間にシワを寄せるクセがあるんです。これは接客の時には、あまり出てきてほしくないクセの一つです。

あるウェディングコーディネーターの方が、「眉間のシワ」にまつわる失敗談を聴かせてくれました。

その方は、いつも打ち合わせに遅れてくるカップルの方を担当していました。その日も他のお客様のご予約がビッチリつまっているのに、時間になってもいらっしゃらなかったそうです。

つい焦って眉間にシワが寄っていることに気づいたその瞬間、ちょうど遅れたカップルの方が自分のほうを見ながら歩いてお越しになりました。**そして開口一番、「そんなに嫌なら担当しなくて結構です！　誰かと変わってください」と言われてしまったそうです。**

意外に私の周りに、この〝眉間のシワ〟で困っている方が多かったので、ここで改善のポイントをお伝えしましょう。

クセは決まった場面で出るもの

どうすれば、眉間のシワが大事な時に出ないようにできるのでしょう？

まず一つは**「出やすい場面」を覚えておくこと**です。

例えば、「書類の整理をしていたり、予想外の質問をされた時に、眉間にシワが寄りやすいな」などと覚えておきます。

すると、同じシチュエーションの時に「今、眉間にシワが寄っているかも！」と気づきやすくなります。意識して気づいては直し、気づいては直しを繰り返していると、だんだん出にくくなっていきます。

また目が疲れていたり、視力が落ちている時にも出やすいものです。定期的にチェックして、目を休めたり、今の自分にあった眼鏡やコンタクトにすることも必要です。

さらに、**心の状態を整えることも大事**です。

心にシワが寄る時は、表情にもシワが寄りやすいもの。自分の気持ちを観察して、イライラ・不安を解消するような自分なりの気分転換をいくつか用意しましょう。深呼吸をしたり、見えないところで大きな伸びをするのも効果的です。

眉間のシワは縦の線です。縦のシワは、横に筋肉が動く部分を引いておくと寄りにくくなります。**横に動く顔の筋肉、例えば口角は常に横に引いておくようにします。**口角を横に引きながら眉間に縦線を入れるのは難しいので、自動的にシワが出にくくなります。

日常で気をつけておきたいのは、スマートフォンです。

スマートフォンを見ている時は、画面が小さいので顔のパーツが中央に寄りやすく、ついつい眉間のシワも出やすくなります。表情のクセは日常の積み重ねなので、こまめに修正していくことが大事ですね。

ちなみにスマートファンをずっと見ている時は、顔面を下に向けている状態です。これをずっと続けていると、重力に引っ張られてたるみやすくなるので、そういう意味でも見過ぎには要注意です。

眉間のシワは相手を心配する時にも出ます。そんな時は心配の気持ちが伝わりやすいので、必ずしも悪いことばかりではありません。とはいえ、相手に怪訝な感じ、イライラしている印象を与えてしまうのは否めません。

ほんの一瞬の表情で、信頼が崩れてしまうのはもったいないですから、なるべく出ないように事前に対策できることはぜひ試してくださいね。

POINT

表情チェックで、いつも好印象な人になる

7 笑顔にバリエーションがある人が心をつかむ

歯を見せる数で表情が多彩になる

接客で大切なものの一つに笑顔があります。しかし、いつも同じような笑顔で応対するのは、つくられたような印象になり、営業的だなと思うお客様もいます。

場面、場面に応じた表情をすることが大切です。どんな時にどんな表情であれば、違和感がなく伝わるのでしょうか。

ポイントは「口元」です。

口元の筋肉は表情筋全体に影響を及ぼすので、笑顔のバリエーションを、口元でコントロールしていくとよいでしょう。

では、場面ごとにポイントを確認しましょう。

1 待機場面

口を閉め、口角を横に引きましょう。

口が開くと、どこか間の抜けた印象を与えてしまいます。

口角を重力のままにだらんとさせると、疲れを感じさせたり、不機嫌に見えたりもします。「閉めて横に引く」を意識してみてください。

2 歓迎の挨拶

上の歯を8本見せると、目の表情も生き生きと伝わります。

この時、下の歯は見せません。下の歯がはっきり見えていると、恐怖、怯えをあらわすような表情になってしまいます。

鏡で確認しながら、上の歯が8本出ている感覚を捉えてみましょう。

こうして文字にすると、何かとても難しい表情に感じてしまうかもしれませんが、口角を上げた自然な笑顔をつくると、だいたいそういう口元になっています。

3 お客様の話を聴く

口をギュッと結ぶと、こわばった表情で緊張を感じさせます。**力を入れず、唇の間に一枚薄い紙をはさんでいるような感覚で、少し隙間を開ける**と受け入れる表情に見えます。

4 お客様に説明する

話をする際は、**上の歯4本が見えるくらい開く**と適度に真剣な表情になります。

5 お客様の話に驚いて反応する、喜ぶ

上の歯10本すべて見せるように、満面の笑みをつくりましょう。

感情のはじける様子があらわれ、お客様に共感していることが伝わります。

目元を変えるのは意外と難しいものですが、歯を見せることを意識すると頬が上がり、連動して目尻も下がるので、とても自然な笑顔をつくることができます。

場面ごとに笑顔のバリエーションがある

1 待機場面
口を閉じ、口角を横に引く

2 歓迎
上の歯を8本見せる

3 話を聴く
ゆるく口を閉じる

4 説明
上の歯を4本ほど見せる

5 喜びを表す
上の歯を10本見せる

歯を見せることを意識すると自然と口角が上がる

笑顔の練習を始めよう

いかがでしょうか？　あまりに意識すると「その表情をしなければ」と注意が自分に向き過ぎてしまいます。普段から練習して、自然とそのような「表情・印象」が出るように感覚をつかんでください。

また、接客応対では場面が逐一変わるために、余韻を持たせながら変化させることも大事です。急激な変化はお芝居のように、不自然さや違和感を相手に抱かせます。

そういう意味では、スタッフ同士で会話をする際も十分注意が必要です。

笑顔でお客様と接しているそばから、急にスタッフと真顔で話し始めたりすると、その様子を見ているお客様は、興ざめしてしまうかもしれません。

特に店頭においては、常にお客様から見られていることを意識して話すように、心がけましょう。

POINT

場面に合ったスマイルで満足度が倍に！

8 マスクを着けながら、きちんと意思疎通を取るコツ

マスク着用がスタンダードに

コロナ禍を経た昨今、マスクを着けて接客することに違和感がなくなりました。「ランチでうっかりニンニク入りの料理を食べてしまった！」なんて時も、匂いを隠せるのはメリットかもしれませんね。

ただ、マスク着用によるデメリットもあります。ここでは、そんなデメリットを緩和し、より良い接客をするための方法をご紹介します。

アイコンタクト

マスクをすると口の動きで伝達ができないため、アイコンタクトを交わす機会が多くなります。アイコンタクトは、意思疎通を取る手段の一つです。

目と目を合わせることで、「これから話します」「理解しています」という意思を伝え合うことができます。

ただ、ジッと目を見つめられ過ぎると、観察されているようで居心地が悪くなり、「あれ？ 私何かおかしいところがある？」と不安になるお客様もいるため、視線を送る時間の長さに注意しましょう。

相手に違和感を与えないアイコンタクトの長さは、2秒から3秒。意外と長く感じるかもしれませんね。慣れるまでは、心の中で「1、2」と数えるとよいでしょう。

目を見るのが苦手な人は、相手の片目だけ見ることをお勧めします。見られているほうは、「片目だけ見られている？」とは感じませんので安心してください。

声の出し方

マスクをして話す際、声がこもって聞こえにくいことがあります。

言葉を聞き取りづらいと、聞き手は自然と疲れてしまうもの。中には、内容をいまいち聞き取れていなくても、聞き返すのが面倒でわかったふりをする人もいるでしょう。

しかし、それが「言った・言わない」のトラブルにつながることがあります。そうならないために、相手から聞き返された経験がある人は、次のことを行いましょう。

● マスクをしていない時よりも、口を大きく開ける

声を発する出口が広いと、音が前に出て相手に届きやすくなります。

目安としては、**指が3本縦に入るくらい口を開けるとよいでしょう（顎に負担を感じる方は、指2本くらいでもOKです）**。

口を大きく開けることを意識すると、自然と話し方もゆっくりになるため、スピードの面でも聞き取りやすくなります。

普段口を大きく開けることに抵抗がある人も、マスクをしていれば相手から口が見えない分、気持ちが楽になるかもしれませんね。

● 抑揚をつける

話し方に抑揚があると、話のポイントも伝わりやすくなります。

抑揚をつけるのが苦手な人は、**内容に合わせてジェスチャーをする、大事な話の前後に"間"を取る**などといったことをすると、自然と抑揚のついた話し方になるでしょう。

表情のつくり方

顔の表情をつくる「表情筋」は顔全体についていますが、特に口元の動きが豊かです。つまり、口元が表情の印象を大きく左右すると言えます。

しかしマスクをしていると、顔のパーツは「目」しか見えません。そのため、コミュニケーションを取るうえで、目の表情だけに焦点があたります。顔全体が見える状態より表情が伝わりにくいことを自覚し、相手に誤解を与えない表情づくりを心がけましょう。

まず、表情で相手にメッセージを送る時は、「鼻」を相手に向けることが大事です。

「鼻」が相手に向くことで、顔全体が相手に向きます。鼻が向いていないと、横目で相手を見ている状態になり、相手からすると怖い表情に見えてしまうのです。

また、合わせた視線をそらす時は、下を見るようにしましょう。

上や横にそらすと、何か他のことが気になっているように見え、落ち着かない印象を与えてしまいます。

コロナ禍以前は、コミュニケーションを取るうえで、顔が見えていたほうがよいとされてきました。職場のルールとして、「接客の際はマスクをしてはいけない」と決めているところも多かったと思います。

では、マスク着用の接客も当たり前となった今、接客業の現場ではどのように捉えられているのでしょうか？　現場のスタッフの方々にお話を聞くと、こんなメリットがあげられました。

「私は口の周りに吹き出物ができやすく、お客様を不快にさせていないか心配な時が多かったので、気が楽になりました」

「花粉症の時期は、薬を飲んでも鼻が真っ赤になるので、マスクをしていても違和感がないのは助かります」

このような場合は、マスクのおかげで仕事に集中しやすくなり、その結果、お客様のためにもなっていると言えるでしょう。

マスク着用のメリットとデメリットを知っておき、お客様や自分の状況を考えながら、「マスクをする・しない」の選択をすると、より良い接客ができます。

老人ホームスタッフさんに学んだ話し方

以前、特別養護老人ホームにボランティアとして伺ったことがあります。その際印象的だったのは、スタッフの方の話し方がとても聞き取りやすかったことです。常にはっきり、ゆっくりと、抑揚をつけてお話しされていました。

そこで、「高齢の方に伝わりやすい話し方にコツはありますか？」と質問したところ、「高齢の方は高音が聞き取りづらいので、高くなり過ぎないよう、胸の辺りから声を出すようにしています。そして、**単語の最初の一音（語頭）に力を入れて話すと伝わりやすいです。語尾を強くすると責めているように聞こえるので、柔らかく音を消します**」と教えてくれました。

聞き返されることが多い人は、特に意識してみてくださいね。

POINT

普段よりも、視線の向きと声の出し方を工夫する

第4章

たったひと言で
心をつかんで離さない

「話し方・聴き方」

お客様は「〝自分の関心〟に関心を寄せてくれている」とわかった時に、相手に対して心を開きます。

あなたのささいな言葉かけ一つが、サービスを選ぶきっかけになったり、迷っていた商品を買う決め手にもなるのです。この章で、お客様との関係をより深めるためのコミュニケーションを学びましょう。

1

お客様にはそれぞれ〝自分のペース〟がある

「待つ」ことも大事

ここからは、お客様とのコミュニケーションについて詳しくご紹介します。話し方や聴き方の基本をお伝えしていきますが、その前に一つ、心にとめておいていただきたいことがあります。

それは、〝お声がけをするタイミング〟です。

あなたが入りやすいと感じるホテルやレストラン、ショップはどんな雰囲気ですか？またその逆に、入りにくいと感じるところはどんな雰囲気でしょうか？

ホテルやレストラン、ショップに限らず、入りにくい印象を与える典型的なものの一つが、**ジッとこちらを見られているように感じるお店**です。人の視線は意外と強烈で、何か監視されているような、威圧感や居心地の悪さを感じてしまうんですね。

また、**お客様はすぐに売り込まれるのも苦手**です。「まずは自分でその場をゆっくり探索したい」「吟味したいので少し放っておいてほしい」、そして「訊いてみたいことができた時には素早く来てほしい」そんなふうに思っている方は多いと思います。

お客様の要望に答えようと必死になり過ぎると、お客様を凝視していたり、来店してすぐに売り込みをしてしまうことがあります。

でも、それはお客様に「入りにくいお店だな」「リラックスできない空間だな」「なんだか居心地が悪いな」――。そんな印象を与えています。

では、具体的にどんな関わり方をすればいいのでしょうか？

とても評判の良い、繁盛しているアパレルショップの例を紹介します。そこの販売員さんたちの仕事ぶりを観察していると、たくさんのことに気づかされます。

常にキビキビと整理整頓や帳簿をつけたりして、お客様を待ち構えているように見えない演出をしているのです。決してジッとお客様を眺めたり、入口で仁王立ちなどもしません。お店に入っていただくためには、「お客様に警戒されないこと」がいかに大切かを知っているからだと思います。

そしてお客様が入店されたら、まずはご来店の挨拶をしっかりして、30秒くらいは自由に見ていただきます。お客様はまずザッとその空間の全体を把握したいので、途中で遮らないことが大切です。

その後に大切なのが、お声がけのタイミングです。

商品を手に取った瞬間に背後から声をかけられると、お客様は逃げ出したくなります。驚かせないよう、お客様の視界に移動して、できるだけ離れた位置でアイコンタクト。

そして2回目のご挨拶です。ここでは「ゆっくりご覧くださいね。何かありましたらすぐにご案内します」と、〝必要であれば飛んでいきます〟という思いが伝わるのが大切です。

これもまた見事にされていました。

その後は、お客様の同行をジッと見つめないように、どんなものにお客様が興味をもっているのかをさりげなく観察します。そのうえで声がけする内容を選びます。

声の出し方も調整してみよう

ちなみに、そのお店では、お客様のタイプによって声の出し方も調節していました。

不安そうな様子であれば、優しくボリュームは控えめに。動きが早い堂々とした方であれば、明るさが伝わるハキハキした印象でご挨拶をします。話すスピードもお客様の呼吸のペースに合わせるような感覚で、とても安心感がありました。

お客様に寄り添って提案するためには、話の内容も大事ですが、お客様の心の扉が開くような心配りがあってこそ、内容が伝わっていきやすくなります。

さすがに評判の良いお店は違うなと、本当に感心しきりでした。

接客応対、特に店舗で働く方にとっては、「待機」と「声がけ」はとても大切なもの。

素晴らしい接客応対をされている方は、さりげなく気づかれずに、でも常にお客様を感じているものです。

あなたの周りで、接客応対が上手だなと感じる方がいたら、いろいろ吸収したいことがあると思いますが、**まずはその方の「待機」と「声がけ」を観察してみてください。**

そこから学べることがたくさんあるはずです。

POINT

待機と声がけ、このタイミングをうまくとる

2 「買ってもらう」「選んでもらう」を目的にしない

本当の目的を見直そう

「買ってもらうことを目的にしない」
「サービスを受けてもらうことを目的にしない」
「競合から自社を選んでもらうことを目的にしない」

——こんなことを言うと、これまでお伝えしてきた内容と矛盾しているのでは？　と思う方もいるかもしれません。

お客様とコミュニケーションをとるうえで、もう一つ心にとめていただきたいことがあります。それは、**「買ってもらうこと」ではなく「商品やサービスに出会えてよかったとお客様に思っていただくこと」**に意識を向けてほしいのです。

以前、私があるお店で靴を買った時のこと。会計を済ませ、品物を包んでもらっている時に「実はこの靴、取り置きしていたものなんですが、今朝ちょうどキャンセルが入った最後の1点だったんですよ」と言葉をかけてくれました。

実はこのタイミングって絶妙なんです。

もし試着をして迷っている時にかけられた言葉だったら、確かにちょっと心は動きますが、同時に「あっ、買わせようとしているな」と思ってしまいます。

嘘をついているとまでは思いませんが、よくある営業トークかもしれないと少し疑う自分がいたかもしれません。

でも会計が済んだ後であれば、営業トークにはもちろん聞こえません。

そしてそのひと言で「やっぱり買って正解だった！　良いものに出会えた！」と満足度がさらに上がったように感じるのです。

視点を少しずらしてみよう

どうしたらこんな気の利いたひと言を、絶妙のタイミングで言えるようになるのでしょうか？

それは意識の持ち方です。

どんな意識かというと、**「買ってもらうこと」「選んでもらうこと」を目的にするのではなく、「この品物をお客様が気持ちよく使ってくれること」「サービスを喜んで受けてもらうこと」を目的に接客をするという意識**です。

一生懸命説明したのに買ってもらえなかった時には、ショックを受けると思います。

しかし、「念のために他のお店も確認して、納得してからもう一度来よう」と思っているお客様もいるのです。

もし「買ってもらうこと」「選んでもらうこと」を目的にしていたら、ついがっかりした表情が出てしまうかもしれません。

そんな表情を読み取ったお客様は、また来ようという気持ちが失せてしまいます。

お客様は親身に接客してもらうと、仮にその時買わなかったとしても「今回は買わなくて申し訳ない」という気持ちでいてくださることも多いものです。

そんな時に、「がっかり感」を顔や態度に出されると、とたんに気持ちが冷めて、この人から買いたくないなという印象に変わってしまいます。

「ご覧くださりありがとうございます」「お試しくださりありがとうございます」――。そんなふうに、爽やかに言われたことをお客様は忘れないでしょう。

素敵な店員さんは今買ってもらうことに執着せず、お客様のちょっと先の未来に思いをはせて、お客様の役に立とうとする意識でいるものです。

そしてそういう気持ちで接すると、お客様と自分との間にあたたかなものを確かに残してくれるのです。

POINT

「買ってもらうこと」の先に目を向ける

3 人の心は「声の力」で動かせる

声のトーンも一工夫

103ページで声の出し方について少し触れましたが、ここでもう少し詳しくお伝えしていきます。**実はお客様の関心に心を寄せると、自然にお客様と同じ気持ちになって、それが表情や声の出し方にもあらわれます。**

そのことを感じたエピソードをご紹介しましょう。

ある時、私はレストランで落とし物をしてしまいました。

大事なものだったので、食事中にもかかわらず困った様子で探していると、お店の方も一緒に探してくれたのです。

忙しい時に申し訳ないなと思いつつも、見つからなかったらどうしよう……と焦りはつのるばかり。一通り探しても見つからず、諦めかけた時に「お客様！　こちらではないですか!!」と、お店の方が興奮した声で小走りにやってきました。

「そうです！　これです」と私が言うと、満面の笑みで「あぁ！　よかった～！　本当によかったですね～。この後も安心してお食事ができますね！」と一緒に喜んでくれました。

私が不安そうな顔をしているのを察して、「きっとそれがないとすごく困るんだろうな」と「私の関心」に関心を向けてくれた店員さん。

自然に出たその言葉、声の表情に、きっと私の友人になったような気持ちで探してくれたのであろうことが伝わりました。

本来は、自然に心の中の思いが、顔の表情や声の出し方にあらわれるものです。

しかしそう思っているのにもかかわらず、相手に伝わらないのはもったいないです。

思いと表現を一致させるよう、自然にできるまでは意識していきましょう。

歓迎や喜びの発声は、基本ドレミファソラシドの「ソ」の音の高さで出していきます。

おでこに口がついていて、そこから声を出すイメージです。

大事なポイントや注意事項などを話す際は、高い声だと軽く聞こえる場合もあります。

そこで、イメージとしては**胸から声を出す**ようにします。

反対に、お客様のご要望にそえない時などは「ご期待にそえず、私どもとしても残念です」という気持ちを表現します。

声のトーンは低めに、**お腹から声を出す**イメージです。


声のトーンは、お客様の気持ちのトーンと合わせること。

「いつでも私たちはお客様の味方です」という思いが声で伝わるように意識しましょう。

POINT

喜びはおでこから、残念さはお腹から声を出す

4 会話が減ったからこそ、このひと言が刺さる

不意のお声がけが、お客様の心を動かす

第1章で、ほんの一手間でお客様の「顧客体験価値（CX）」は変わると話しました。

ただ対面での接客が減っている場合、どのように接点を持てばよいか悩ましいものです。

コロナ禍で様々なことが制限された時を思い返すと、会話自体がストレスのかかる状況で、お客様に届ける言葉を吟味した人も多かったのではないでしょうか。

そういった環境の変化に加え、人員不足に伴うオーダーや会計のアプリ化、DX化もあり、さらにお客様との接点が少なくなった現場もあると思います。


一方で、お客様にとっては自分のタイミングでオーダーができるようになったり、サービスを提供する側にとっては、ミスでお客様にご迷惑をかけることが防げたり、集計業務

の時間やストレスが軽減して、「その分、お客様のことをよく観察する時間が取れるようになった！」という声も聞きます。

私自身も、「一人ひとりのお客様をよく見ているんだな」と感じた経験があります。それは、あるカフェで仕事をして会計する時、店員さんが**「ありがとうございます。お仕事頑張ってくださいね」**と優しい声で言ってくれたんです。

コロナ禍で研修の仕事も減り、知り合いとのおしゃべりも少ない時期だったので、とても心に沁みた言葉かけでした。

あらゆる変化でお客様との接点が少なくなったとしても、**今も昔も変わらず、挨拶に添える「ひと言」には大きなパワーがあります。**

会話をする機会が減ったからこそ、意識して「ひと言」をプラスしてみましょう。

接客用語にひと言加えてみよう

どんな時がお客様と言葉を交わすチャンスかといえば、**まずは「お迎え」や「お見送り」のタイミング。**

どんな気持ちで声を発するかの基本は、103ページでご紹介しました。そのうえで、接客用語にプラスアルファの言葉を添えると「あなたへの接客」に感じてもらえ、おもてなしの気持ちがグンと伝わりやすくなります。

例えば、あるお店を予約して入店する際、名前を伝えるとスタッフの方が**「いらっしゃいませ、三上様でいらっしゃいますね。お待ちしておりました」**と言ってくれ、よりワクワクが増したことがあります。

少しの違いですが、これが「いらっしゃいませ、三上様ですね。ご案内します」だけの場合と比べると、印象が大きく変わるのを感じました。

シーン別に、言葉がけの例をご紹介します。

例 **〝初めてのご来店かな？〟と思われるお客様**

「こちらは初めてでいらっしゃいますか」

「お店の場所はすぐにわかりましたか」

「こちらは何でお知りになったのですか？」

例 **再訪のお客様**

「またお越しいただき、嬉しいです」

例 **常連のお客様**

「○○様、いつもご利用いただき、ありがとうございます」

「（前回の会話を思い出して）ご旅行、楽しまれましたか？」

例 **こだわりのありそうなものを身につけているお客様**

「○○色のブローチ、お洋服と合っていて素敵ですね」

「○○がお好きなんですか？」

例 **お天気の話題**

「暑い中お越しくださり、ありがとうございます」

例　**サービス提供中**

「〇〇はお好みと合いましたでしょうか」

例　**お帰りの際、雨が降っている場合**

「お足元、お気をつけてお帰りくださいませ」

例　**カジュアルなお店の場合**

「またぜひ、気軽に見にきてくださいね！」

ポイントは、お客様にあまり考えさせない「ＹＥＳ・ＮＯ」で答えられる質問や、簡単に答えられるお声がけであること。

負担にならない軽めの声がけをすることで、お客様がもっと会話をしたいタイプなのか、そうではないタイプなのかもわかります。

ただ、相手に合わせたプラスのひと言は、こちらにも余裕があってこそ生まれるもの。

ですから、まだ仕事に慣れていないうちは手順通りに行うことに意識を集中し、確実性がついてから、ぜひやってみましょう。

プラスのひと言には、接客する側してのメリットもあります。

自分がアウトプットした声と記憶が結びつきやすいので、そのお客様に関することを思い出しやすくなるのです。できればその日のうちに、どんな会話をしたかメモに残しておくのがお勧めです。

お客様側も、「ちゃんと見てくれている」と感じると信頼感が増し、また何かのタイミングであなたの接客やお店を思い出すでしょう。

私が通っているヘアサロンで担当してくれている美容師さんは、私がちょっと気合いを入れたファッションをしていると、必ず気づいて言葉にしてくださるのです。


「サンダルの色がアクセントで素敵ですね」

「おしゃれなのに、使いやすそうなお鞄ですね」

「ネイルが夏らしいですね」

もちろん美容師さんとしての技術もあり、私をよく観察して髪型などを提案してくださるので、これからも安心してお任せしたいと感じます（予約も取りづらい方です）。

でも中には、「そんなふうに褒めるのは、媚びてるように思われないかな？」と心配する人もいるかもしれません。

ここで大事なのは、「本当に思ったことを伝える」ということ。

思ってもいないことを発言するとわざとらしく聞こえ、「媚びてる」ように見えてしまいます。そうではなく、感じたことを言葉にして伝えてみましょう。

せっかく素敵な部分に気づいたのなら、伝えないともったいないです。

まずは考え過ぎずやってみることで、いろんな気づきにつながるでしょう。

POINT

臆せずに思ったことを添えればＯＫ

5

「気が利くね」と言われる人の言葉遣い

たったひと言で反応がガラリと変わる

「神は細部に宿る」と言いますが、ちょっとした言葉遣いの違いで、相手の反応は大きく変わります。

そんなちょっとした〝言葉遣いのコツ〟を取り上げてみたいと思います。

余計な言葉は足さない

「〜させていただきます」という言葉を連発するのをよく聞きます。

丁寧な言い方ではありますが、相手に対して必要以上にへりくだったり、自信がない時に、連発しやすい言葉でもあります。

続くと、まどろっこしい印象を与えてしまうので注意しましょう。

例　**お客様の担当になった時**

「担当させていただきます、○○です。△△のご説明をさせていただきます」

↓

「担当の○○です。△△の**ご説明をいたします**」

このようにスッキリとした表現は、お客様を余計な時間でお待たせしないことにもつながります。

主語をしっかり言う

意外と、話し始めに主語をつけるのを忘れがちです。

お客様からの質問に対して、「大丈夫です」「結構です」という言葉だけで済ませてしまうと、お客様の受け取り方とズレてしまう可能性もあります。

何が大丈夫なのか、主語をしっかりお伝えしましょう。

「○○のお持込は大丈夫です」
「～の際はご連絡をくださらなくても結構です」

時には踏み込んで、言い切る

「～しましょうか」とお伺いを立てることも、場面によっては必要です。けれども、問われたお客様は本当はそうしてほしかったとしても、遠慮されたり、申し訳ないなと思ったりして、断る場合がよくあります。

そんな時は「～（いた）します」と言い切ったほうが、お客様も遠慮なく受け取れるものです。

「何かお手伝いしましょうか」→「お手伝いいたします」
「ご案内しましょうか」→「ご案内いたします」
「お鞄、お持ちしましょうか」→「お鞄、お持ちします」

「思います」は自信がなく聞こえる

「思います」は、個人的な意見を述べる時に使う言葉です。
でもあまり使い過ぎると、自信なさげに映ったり、時には不信感を与えてしまう場合もあります。自分の考えに確信が持てない時、ダイレクトに伝えるのが恥ずかしい時などについ使いがちです。

確かに内容によっては裏づけも必要ですが、そのひと手間をかけ、断言することでより信頼を寄せていただけます。

例 **お客様の服を褒める時**
「素敵だと思います」→「素敵**です**」

例 **お客様に商品を勧める時**
「こちらはコストパフォーマンスが高いと思います」
↓
「こちらはコストパフォーマンスが高い**です**」
（比較のために、目の前で計算してさしあげるとなおGOOD）

例

お客様から質問をされた時

お客様「○○は予約しなくても大丈夫ですか？」
担当者「大丈夫だと思います」

↓

お客様「○○は予約しなくても大丈夫ですか？」
担当者「**確約はできないので、予約していただくのが確実です**」

どちらかを選んでもらう言い方

ざっくり訊かれると、答えに困るお客様もいらっしゃいます。どちらか一方を選ぶ訊き方は答えやすく、的も絞りやすいので会話の入口には便利です。

例

マッサージ店でマッサージの強さを質問する

「今の強さで大丈夫ですか？」

↓

「今より**強いほうがいいですか？** **弱いほうがいいですか**」

例　**贈り物を選ぶシーン**

「その方はいつもどのようなファッションですか」

↓

「その方のファッションは**カジュアルが多いですか？　落ち着いた感じが多いですか？**」

ただ、お客様によっては自由に話したい方もいるので、会話の流れで自由に希望を言っていただいたほうがよいと感じたら、無理に絞り込む質問をする必要はありません。

砕けた言葉遣いは危険

相手を見てわざと砕けた言葉遣いに切り替える人もいますが、「軽く見られた」と感じさせてしまう危険性があります。

私もCA時代、中学生のお客様に友達言葉で話していたら、「普通の言葉遣いで話してください」と言われたことがあります。**「自分が親しみやすい人に見られたい」という気持ちを見透かされたような気がして、恥ずかしくなりました。**

また、相手がどんな反応を示しているのかを気にせず、一方的に砕けた話し方をしてしまったことが反省点です。

無理にお客様との距離を縮めようと、砕けた表現を使うと失礼になることもあります。

第三者から見ても、不快感を抱いたり、その親しげな様子に「客によって対応を変えるのかな」と寂しい思いをする方もいるでしょう。

丁寧過ぎる必要はありませんが、言葉遣いは〝車間距離〟と同じ。

「です・ます」は最低限キープしたほうが、適度な距離感を保て、結果的に良い関係をつくりやすいものです。

周りからアドバイスをもらうのも手

いかがでしょうか。ついつい使い過ぎている言い回しはありましたか?

自分では気づきにくいものですから、日頃から友人や職場の同僚・先輩などに「もし言葉遣いや話し方で、少しでもおかしいところがあったら教えてください」とお願いしておくとよいでしょう。

最初からうまくできなくても大丈夫。

まずは肩の力を抜いて、失敗したと思ったらそこから学べばいいだけです。

初めから言葉をうまく遣える人なんかいません。少しずつゆっくりゆっくり、試していきましょう。

POINT

語尾を変えるだけでお客様の心が動く

6 お客様に〃耳〃と〃心〃を傾ける

なんのために話を聴くのか

あなたは「なぜお客様の話を聴くのですか？」と問われたら、なんと答えるでしょう。

多くの人が、「聴きたいことがあるから」と答えると思います。まあ当たり前ですよね。

しかし、**接客応対においては、自分が聴きたいことを聴く以上に、「お客様が話したいことを十分話せるように聴く」という姿勢が大切です。**


人は話しながら、自分の考えや気持ちを整理していきます。

そんな時に間髪入れずにアドバイスをされると、いくらそのアドバイスがよいものであったとしても、自分の話の腰を折られたという印象を持ち、素直に聞き入れることができなくなるものです。

ある弁護士さんに聴いた話ですが、クライアントが依頼をするかどうかの相談段階で、弁護士側がアドバイスをバンバンすると大抵依頼にはつながらないそうです。

クライアントの話にじっくり耳を傾け、しっかり聴くことで、相手は十分に話ができ、依頼にもつながりやすいと教えてくれました。

内容以上にペースに気を配る

お客様のためを思って、いろいろとアドバイスをすることはもちろん大切です。

けれども、あまりにもこちら側の話が続くと、お客様は「よいと思って言ってくれているんだろうけど、なんか合わないかも」という感覚になり、それ以上話す気がなくなることもあります。

では、お客様にそう思われないためには、どうすればよいのでしょう?

そのカギは「話のペース」にあります。

お客様に十分話せていると思ってもらうためには、ペースを崩さないことが大事です。

例えば、話を聴く時に大切だと言われることの一つに、「うなずき」があります。

うなずくことは「聴いていますよ」と相手に伝わるという意味で、とても大切ですが、あまり細かく打ち過ぎると、逆に「この人、本当にわかっているのかな?」と感じさせてしまいます。

聴いている間は浅めに、話のポイントや話の切れ目（文章でいう「。」の部分）では、アイコンタクトを取って深めにうなずきましょう。

すると相手はペースを乱されることなく、気持ちよく話すことができるのです。

うなずきは動作ですが、相づちは言葉。「相づち」も相手のペース、そしてトーンに合せることでお客様は違和感なく話せます。

高いトーンでスピード感のある話し方の人にはテンポよく歯切れよく返し、深刻な話では寄り添うように低めのトーンでゆっくり返すように調節します。

そんな相手のペースを崩さずに自然なうなずきや相づちをするために、意識してほしいことがあります。

それは相手が話している最中に、「相手が話し終わったら、自分はこれを話そう」と考え出さないことです。

人は話を聴いていると、どうしても次に自分が話すことに注意がうつりがちです。
特に自分も興味がある話や、すでに経験していて良いアドバイスが思い浮かんだ時などにそうなりがちですが、今か今かと話し終わるのを待っていると、集中して聞いているように見えず、相手とペースが合わなくなり、それが違和感として伝わります。
それではとても、受け止めてくれるようには感じられません。

また、言葉の意味以上に、声の調子や目線や表情、態度などに相手の今の本当の気持ちがあらわれます。自分が次に話すことばかり考えていると、そうした相手のサインに気づかず、お客様が受け取ってほしい事柄を見逃してしまったりするのです。

早く相手に説明したい、反論したいという気持ちは一旦横に置きましょう。

呼吸を合わせることもお勧めです。
人は話の区切りでは息を吸います。そこで自分も一緒に息を吸うのです。そうすると相手の今話していること、話したいことに集中できるようになります。

さらに、うなずきや相づちに加え、相手の話を繰り返すことも有効です。

これを「オウム返し」と言います。ただこれも、安易にオウム返しばかりしていると、「本当にそう思ってるのかな」と思うお客様もいます。話のポイントを適度に返すようにしましょう。

他にも、**アイコンタクトを取る場合、相手の黒目ではなくまつ毛あたりを見ると優しい目元になる**（特に目力が強いと感じている人はお勧め）とか、**「〇〇なんですね」「〇〇と思われたんですね」と事実や感情を否定も肯定もせず、受け止めたうえで提案する**ことも有効です。

とにかく大切なのは、「お客様が話したいことを十分話せるように聴く」こと。

ぜひここにあげたコツも使いながら、気持ちよく話していただける接客を目指してみてくださいね。

POINT

お客様が話したいことを聴くのが鉄則

7 言いにくいことをさらりと伝える秘訣

無理なお願いをする時に、どう話すか

お客様に何かお願いをする時は、慎重に言葉を選ぶものです。

不快にさせないよう、言葉を少し足すだけで、お客様がすんなりと受け入れてくださることもあります。

例えば、空港のチェックインカウンターに並んでいる時、何も言わないで割り込みしてくる人には非難の目が殺到しますが、「乗り遅れそうなので、先に行かせていただけないでしょうか？」と言われると、なぜか「どうぞ」と快く譲ってしまいます。

アメリカの心理学者、エレン・ランガーはこんな実験をしました。

図書館でコピーをとろうと並んでいる人に、「急いでいるので、5枚コピーを先にとら

せてもらっていいですか」と聴いた時と、「5枚コピーを先にとらせてくれませんか」とだけ言った時で、対応の違いを検証してみるというもの。

結果は「先にとらせてください」とだけしか言わなかった場合は、60％の人が譲ったのに対して、「急いでいるので……」と理由を言った場合は、なんと94％もの人が譲ってくれたのです。

この実験が示しているのは、**人は自分が動く時には〝何かしらの理由〟があると動きやすい**ということです。

まあ「急いでいるので」という理由も、冷静に考えればずいぶん自分勝手な言い分ではありますが（笑）。それでも、「～ので」という言葉がつくだけで、何も理由がない時にくらべて動きやすいことがわかります。

添える言葉で印象も大きく変わる

接客の際も、ただ「お待ちください」とだけ言って保留にするのと、「ただ今確認しますので、お待ちください」と言うのでは、少しの違いですが印象が変わります。

「～なので」という言葉に、私たちは反応するのです。

例えば、後からいらしたお客様の対応を先にする場合も、「順番が前後します」だけではなく、先にいらした方に、**「恐れ入ります、ご予約の内容によって担当者が変わりますので」**などと理由をひと言添えます。

「～なので」につながる語尾は、**「～してもよろしいでしょうか？」という許可を得る訊き方にするのもポイント**です。この「～してもよろしいでしょうか？」は相手に選択権がある訊き方です。

右記の例で言えば、

「ご予約の内容によって担当者が変わります**ので**、先に後ろにいらっしゃるお客様をご案内**してもよろしいでしょうか？**」

といった具合です。

「～ので　ｏｒ　～だから」という理由をお伝えすることで、お客様は自分がお願いされることの意味を理解します。

そして「～してよろしいでしょうか」と許可を得ることで、強制されている印象が薄れて、自分で決断してその行為をしていると感じ、納得感を得られます。

ささいなことでも、**この「理由（～ので　ｏｒ　～だから）＋許可（～してよろしいでしょうか）」**をぜひ意識してみてください。

そうすれば、あなたもお願い上手になること間違いなしです。

POINT

お願いごとは、「理由＋許可」で受け入れてもらえる

8 電話応対は〝想像力〟がカギ

電話応対5つのヒント

ここまで、対面でのコミュニケーションについてお伝えしてきましたが、電話を通してのコミュニケーションについてもお話ししましょう。

電話応対は、対面にはない気遣いが必要になります。対面との一番の違いは、「見えない相手とコミュニケーションする」ということ。ここでは、電話対応において、有効なポイントをいくつかあげてみたいと思います。

1 簡潔な前置き

見えない相手とコミュニケーションを取る時は、「これからこの話はどこに向かうの？」「時間がかかる内容なの？」など不安な状態にあるものです。

まずは地図を渡す感覚で、**これからどんなことを話すか簡潔に伝えましょう。**

視覚情報がないということは、相手はより集中して聴いていますので、前置きが長過ぎると「いったい何が言いたいんだ？」とイライラさせてしまう可能性もあります（これは対面の時も同じかもしれませんね）。例えば、

「お得意様だけの限定セールについて、1分ほどお話ししても大丈夫ですか？」

「ご注文してくださった〜について、念のためお伝えしたいことが2つあるのですが」

などと最初に言うと、相手も心がまえがしやすいです。

2 シミュレーション

簡潔でわかりやすい電話をかけるには、実際にかける前にシミュレーションをすることも有効です。

● 伝えるべきことはいくつあるのか

- 伝えるべきことは何か
- どういう表現をするのが、相手にとってわかりやすいか

こんなことを考えておくのです。

いきあたりばったりでかけ始めると、「え〜」「あの〜」など無駄な言葉も入りがちに。接客にこだわりのある職場では、一度練習のために録音して確認してからかけるところもあるくらいです。

これは仮に留守電になった時も、慌てず簡潔に伝えられるというメリットがあります。留守電の多くは20秒くらいで切れてしまいます。録音時間が過ぎ、話が途中で切れてしまうほど恥ずかしいことはありません。

簡単で構いません。ぜひ、かける前にシミュレーションをしてみてください。

3 聴き間違いを防ぐ工夫

数字や名詞など、相手が聞き間違えやすいものがあります。4日（よっか）と8日（ようか）、2日（ふつか）と20日（はつか）など要注意です。

電話のコミュニケーションでは、日にちの伝え方をこんなふうにします。

1日（いちにち）、2日（ににち）、3日（さんにち）、4日（よんにち）、5日（ごにち）、10日（じゅうにち）、20日（にじゅうにち）など。

数字単独の読み方に、日をつけるだけです。

アルファベットも、E、D、Tなど間違いやすいので、例えば「イングリッシュのEです」「東京のTです」など補足しながら伝えることで間違いを防げます。

4 時間感覚

お問い合わせにすぐ答えられない場合、一度切ってかけ直すこともあるでしょう。回答すべき内容を調べていると、意外とかけ直しまで時間がかかってしまう場合もあります。

相手はこちらが思う以上にやきもきして待っています。次の予定の合間に電話をしている場合もあるので、いつ返答があるのかわからない状態は非常にイライラします。

お問合せについて一度切ってから再度かけ直すのは、基本10分以内です。

それ以上かかる可能性があるならば、「15分後にかけ直してもよろしいでしょうか？」など時間をあらかじめお伝えしましょう。

心の声もプラスする

さあ、いかがでしょうか？　あなたはどのくらいできていましたか？

顔が見えない電話応対だからこそ、相手が目の前にいる時以上にこれらのことを意識して、適度な緊張感を保ちながら、話すことが大切です。

最後にもう一つ、私の体験をお伝えします。

以前、私がクレジットカードを解約しようと、電話で手続きを進めていたところ、電話の向こうでオペレーターの方が「これまでご利用ありがとうございます」と受け止めてくれたうえで、少し間を取って「三上様～……」と絞り出すような声で呼びかけてきました。

まるで〝どうか少しお耳をかしてくださいませんでしょうか〟と心の声が聞こえてくるような声の調子です。その呼びかけに続いて、こんなことを話してくれました。

「実はこちらのカードは年会費がかからず、海外旅行保険の機能もあり、お持ちになって損はないものです。どうか継続してはいただけませんでしょうか」

感情を込めた声の調子に、私は心を揺さぶられました。特に絶対解約したい、という強い理由もなかったため、「そうですか、では継続します」とあっさり答えていました。

きっと、この時オペレーターの方は、まるで目の前に私がいるかのような様子で話をされていたんじゃないかと思います。それが電話越しに伝わってきました。

〝解約しなくても決して損はないですよ〟と心を込めて言ってくれている表情が、見えたような気がしたのです。

実際は会社の決まり文句であっても、まるで相手が目の前にいるかのように心がこもった応対をされると、その人の期待に応えたくなるものなのです。

素敵な電話応対のコツ、ぜひ身につけてみてくださいね。

POINT

普段の会話以上に、何を伝えたいかを考えて話す

9 常に余裕のある人に見せる魔法の言葉がけ

こんな応対が相手を不安にさせる

さて、ここまでいかがでしたか？

言葉遣いを少し変えるだけで、お客様への印象も大きく変わるものです。

ここまで紹介してきた言葉遣いを常に心がけたいものですが、いつもより忙しい、またはいつもと違うことが突発的に起きたりすると、言葉・表情・態度・動きについ焦りが出てしまいがちです。

私もCA時代によくありました。

そんな時、よく先輩に「ラバトリーチェックをして、自分の表情も見ておいで」と言われてハッとしていました。

ラバトリーチェックとは、客室の化粧室で定期的に安全状況、清掃状況をチェックする業務です。「それをしながら自分の表情を見つつ、少し落ち着きを取り戻しなさい」という先輩からのメッセージでした。

ある時こんなことがありました。離陸前、滑走路に飛行機が向かっている時に急に立ち上がり、上の物入れを開けようとしているお客様がいらっしゃいました。新人の私は慌てて、「お客様！ おかけください！」と焦った声でそばへ。その様子を見ていた先輩から「そんなに慌てた声がけをしたら、お客様だってビックリしてしまうし、恥をかかされたと思うよ。そこまで慌てなくても、滑走路まではまだあるから、それも考えて声がけしてね」と指導されました。

私は「安全にかかわることだから」と思い、慌てて対応したのですが、よく考えれば先輩が言うように、まだ離陸までは時間もあります。

「お客様、恐れ入ります。間もなく滑走路ですので、離陸してベルトサインが消えましたらお手伝いいたします」――こんな穏やかな対応であれば、お客様も恥ずかしい思いはされなくて済んだわけです。

まずは自分自身の心に余裕を持って、状況を見ながら落ち着いて行動する。

そうすることで、お客様に恥をかかせることなく、でもお伝えしたいことはきちんと伝えることができるのだと学びました。

出だしのひと言がお客様に響く

心を落ち着かせることの大切さがわかる例をあげます。

ディズニーランドでは、「まず安全である状態を保ち、そのうえで夢の国を楽しんでいただこう」そんな思いを込めた応対をしていると感じます。

例えば、ゲスト（お客様）はそれぞれのお目当てもあり、テンションが上がって禁止されている危ない行動をしてしまう場合があります。

そんな時、私がもしディズニーランドのキャスト（接客する側）だったら、「わあ！　危ない！　怪我しないように注意しなきゃ！」と思わず顔が引きつりそうです。

しかし、ディズニーのキャストは**歓迎の表情と声で、挨拶をしっかりしてから安全に関**

してのお願いごとをしているのを見かけます。

また、あるお店での応対です。私は入口が開いていたので、開店時間前に入ってしまったことがありました。その時、お店の人が、

「おはようございます！　お客様、申し訳ありません。せっかくお越しくださいましたが10時から開店時間でして……、わかりづらいですよね。失礼いたしました」と申し訳なさそうに声をかけてくれました。

よく確認せず入ってしまって「わあ、やっちゃった」と思っていた私に、優しいフォローの言葉をかけてくれたことで、恥ずかしい思いをせずに救われた気がしました。

もしも、入るなり開口一番に「すみません！　まだやってないんです」と言われていたら、また大きく印象は違っていたことと思います。

予想外のことがあると、つい正しさを優先して、思わぬ強い口調になりがちです。心に余裕を持って応対するには、出だしの第一声が肝心です。

1 前置き言葉（「おはようございます」「恐れ入ります」「いらっしゃいませ」）
2 理由
3 お願い（＋αでフォローも）

こんな感じでお伝えするのが、基本的な流れです。

その中でも、出だしの一声として、お客様を優しく包み込むイメージでお声がけをスタートすれば、自然にその後に続く言葉も優しい調子になるでしょう。

ぜひ、意識してみてくださいね。

POINT

常に心に余裕を持てば、お客様にもあたたかい気持ちが伝わる

10 外国人観光客の記憶に残る接客って？

身構えずに、いつも通りでいい

日本を訪れる外国人観光客の数は、年々増加しています。そのため、当然ながら接客の現場でも外国からのお客様が多くなりました。

外国人の方を目の前にすると、「どう接すればいいのかな」と身構えてしまう方もいるかもしれませんが、難しいことはありません。

ここでは、外国人観光客に向けた接客のコツをご紹介します。ほんのちょっとの工夫で苦手意識がなくなりますので、ぜひ実践してみてください。


まず知ってほしいのは、「英語が話せないから、なるべく接しないようにしよう」という姿勢でいると、「嫌われているのかな？」といった誤解を招く可能性があるということです。

重要なのは、正しい言葉を話すことではなく、〝目の前の人が何を望んでいるかを考えること。これは接客の基本であり、相手が誰であれ、同じことが言えます。

「言葉を間違えたら恥ずかしい」と考えていると、コミュニケーションを躊躇してしまうものです。しかし、自分が相手の立場になったことを想像すると、どうでしょう？

言葉自体の正しさには、それほどこだわらないのではないでしょうか。

お客様も英語が得意とは限りませんし、まずは**「相手の望みが汲み取れたら何とかなる」**と考えてみましょう。

必ず「挨拶」からスタート

多言語・多民族の国では、知らない相手に話しかける時の常識があります。

それは、「敵意はありません」「これから話したいことがあります」という予告表現〝挨拶〟をしてアイコンタクトを取ってから、コミュニケーションを始めることです。

この常識に習って、**まずはどんな相手にも、「こんにちは！」と元気に笑顔で声をかけることからスタート**します。

英語の挨拶「Hello」でももちろんOKですが、英語圏の方とは限りませんし、日本語が話せる場合もあります。観光客であっても、訪れる国の挨拶くらいは知っている場合がほとんどなので、伝わらないことを恐れる必要はないでしょう。

この際に「いらっしゃいませ」という言葉は知らない可能性が高いため、「こんにちは」のほうが無難です。

その国の挨拶で話しかけられるのも、旅ならではの素敵な体験の一つになります。

ジェスチャーに関する基本知識

ジェスチャーのポイントは、とにかく恥ずかしがらず大袈裟に行うこと。あなたが、ジェスチャーに慣れていないならなおさらです。

ただ、日本人にとって何の問題もないジェスチャーが、外国人の方にとっては失礼になることがありますので、基本的な注意点は知っておきましょう。

例えば、**人差し指と親指で◯をつくる「OK」サインは、侮辱の表現やお金を意味するものとして伝わる場合があります。**

また、頭の上に両腕を上げてつくる〇印は、アルファベットの「O（オー）」に見え、「YES」の意味で伝わらないことが多いようです。「YES」の時は首を縦に振り、「YES！」とはっきり大きな声で言いましょう。

同じように「NO」の意味で腕をクロスさせて×印をつくっても、「X（エックス）って？」と思われる場合も。「NO」の際は首を横に振りながら、「NO！」と口に出しましょう。

相手の文化に興味を持つ

文化についても、日本での当たり前が通用しない場合があります。

例えば、飲食店で提供される「お通し」のような文化がない国も多いです。

特に食文化は、ベジタリアンの方、宗教上禁忌とするものがある方など様々。厳格さのスタンスも人によって異なりますので、万が一食べてしまった際、「うっかり失敗してしまった」では済まされない場合も。

そのため、**こちらから提供するものについては、しっかりと詳細をお伝えする必要があります。**説明や確認したほうがよいことを紙に記載するなど、あらかじめ準備しておくことも大切です。

また、宗教上お祈りをする時間が決まっている場合があります。

そのような方に向けて、お祈りのための部屋を設けているショッピングモールや駅も増えてきました。場所を把握しておき、お知らせするだけでも大変感謝されるでしょう。


加えて、小さなお子さんとの関わり方にも注意が必要です。

日本では、小さなお子さんを見ると親しみを込めて頭を撫でる方がいますが、**世界基準では、子どもの頭や髪の毛をむやみに触ることは御法度**です。

「子どもの頭には神聖なものが宿っている」と考える国も一定数あり、大変非常識な行為だと受け取られます。


他にも、「相手の国の文化を大切にする」という事例では、旧正月の時期にいらっしゃる中国からのお客様をお迎えするにあたり、中国でおめでたいとされる「赤色」の飾りを付けたところ、大変喜ばれたという話を聞いたことがあります。

相手の国の文化に興味をもち、寄り添おうとする姿勢は、嬉しいと感じてもらいやすいです。

お願い事は最初と最後が肝心

日本での生活経験がない方は、日本のルールやマナーを知らずに、違反してしまうことがあります。場合によっては、「失礼」「迷惑」と感じるかもしれません。

しかしそんな時、怖い表情や口調で指摘すると、旅行が残念な思い出になってしまいます。では、どのように伝えればよいのでしょうか？

ポイントは、**「注意する」のではなく、「説明させてほしい」というスタンス**です。

まずは、「失礼します、これからこちらの事情をお伝えします」という宣言である「Excuse me,sorry……」という言葉からスタートします。

すると、この言葉が予告となり、相手も聞く準備ができます。

禁止事項はジェスチャーでもよいでしょう。「帽子を取って」というお願いなら、帽子を頭から取って仕舞うジェスチャーをすればわかりやすいです。そして、こちらからのお願い事を聞いてもらえたら、必ず「Thank you」を伝えましょう。

こういったシーンの場合、相手は旅行を楽しんでいる最中であることが多いですから、

「Enjoy!」と笑顔で締めくくると好印象です。

きっかけは違反行為だったとしても、このようなポイントを押さえれば、お互い気持ちの良いコミュニケーションになりますね。

なんとか伝えようとする気持ちは必ず伝わる

私自身の経験ですが、以前旅行先で、言葉が通じないお店に立ち寄った際、店員の方が一生懸命対応してくれたことが今でも心に残っています。

紙に絵を書き、ジェスチャーを思いっきり大きく何度も繰り返してくれた結果、最終的には意思疎通を取ることができました。

「なんとか伝えよう！」という気持ちは、必ず相手に伝わります。

言葉が伝わらない状況は、一般的には不便でもどかしいものですが、それでも諦めず笑顔で対応してくれたことは、むしろ素敵な思い出としてずっと記憶に残っているのです。

POINT

言語の正しさは、重要ではない

Column

ささやかだけど印象深い「接客エピソード集」

〝お客様にとって今一番喜ぶことはなんだろう〟と考えて応対することで、「顧客体験価値（CX）」は高まります。ここでは、私が実際に心動かされた例を紹介します。ご自身の接客に、ぜひ取り入れてみてください。

プラスの情報を教えてくれる

一人旅で人気のカフェに行ったところ「ご案内までお待たせいたしました。今日は近くにある○○庭園は無料で入れるんですよ」と声をかけてくれた。一人だったので会話に心がとても和んだうえ、「ラッキー！」と気持ちも盛り上がった。

臨機応変な声がけ

グループで食事をした際、「お支払いはまとめてお願いいたします」とお店からのお願い事項が書いてあったが、様子を見てくれていた店員さんが「個別のお会計はできないですが、両替はいたしますのでお知らせください」と声をかけてくれた。

小技が光る対応

４人でランチ。同じものをオーダー。テーブルチェックでまとめて払ったら、お釣り２００円↓50円４枚でくれてびっくりした。

ユーモアのある気遣い

量販店で貼ってあったポスター。「スタッフは忙しそうなふりをしているだけですので、何かお探しの際は遠慮なく声をかけてください！」と顧客側の心理を読み取ったポスターで、クスッと笑えた。

咄嗟のひと言

ホテルに宿泊時、加湿器からの水漏れがあった。自分で点検しても直らないのでフロントに問い合わせると第一声、「お客様のお持ち物に水がかかったりしなかったですか」と心配してくれた。状況確認よりも、咄嗟に寄り添ってくれる気持ちが嬉しかった。

さらに「お部屋を移動されますか、それとも加湿器の交換、どちらがご面倒ではないでしょうか」とこちらの状況を考え、選ばせてくれた。

雨の日の気遣い

あるビジネスホテルでチェックインした際、ハンドタオルをフロントに用意してくれていた。「雨の中、お疲れ様でした。ぜひ、お召し物やお鞄などにタオルをお使いください」と笑顔で迎えてくれた。

忘れ物にさりげない言葉の気遣い

ラーメン屋さんで食べた後、上着の忘れ物をした。お店の人が追いかけてくれて「お客様、お寒くないですか？」と笑顔で渡してくれた。

間違いない提案

友人とホテルでアフタヌーンティーをしていると、「ご一緒にお写真をお撮りしますね！」とスタッフが申し出てくれた。アフタヌーンティーでは可愛らしい様々な種類のお菓子がたくさんのったタワーが提供され、それを含めて写真に収めたくなる見栄え。

おしゃべりに夢中になって、友人と一緒に撮ってもらうタイミングを逃してしまいがちなので、声をかけてもらえるのは、実はとても有難い対応だと感じた。

タクシー運転手さんとの談笑

タクシーに乗った際、運転手の方に「外国のお客様は多いですか？」と質問したところ、「多くいらっしゃいますね。私は日本語以外の挨拶10ヶ国語以上覚えたんですよ。その国の言葉で挨拶をするととっても喜ばれるんですよ」といろんな挨拶も教えてくれ盛り上がった。

「旅行の行程をすべて楽しんでほしい！」という気持ちが伝わる

泊まった旅館で「近くにある○○神社で行われる舞を見に行くんです」と伝えると「あそこは床に直に座るので脚が痛くなるから、旅館の座布団を持っていってください」と声をかけてくれた。おかげで舞に集中できて、より思い出に残った。

サービスを受けた後も余韻が残る

観光地によくある人力車に乗ってみた。わかりやすい案内と気の利いた声かけに感激。翌日の朝早くホテルの周りを散歩していると、街中を人力車の方々がゴミを拾ったりお掃除をされている姿が。まだ観光客が誰もいない時間帯。人力車に乗るのは贅沢かな？と乗る時は少し迷ったが、「本当に乗ってよかった！」と再度思わされた。

お客様の過程にも心を寄せる

スーパーでお会計の際、にんじんが何本か入った袋の外側に、汚れがついているのをレジの方が気づき、丁寧に拭いてくれた（汚れは、お肉に付属の容器からタレが漏れたもの）。拭きながら、「違う袋詰めのにんじんをすぐお持ちすることもできますが、お客様が吟味して選ばれたお野菜だと思うので」と声をかけてくれた。忙しいレジ対応の中でも、私が選んだ姿を想像してくれたのが伝わった。

第5章

困ったお客様さえもファンになる「クレーム・カスハラ対応」

接客業に携わる人にとって、一番頭を悩ますのがクレームかもしれません。強い態度でものを言われると、パニックになってしまうことも。本章では、どんな場面でも落ち着いて対応できる、心の持ちようや対応法を伝授します。

事前に知っておくことで、安心して目の前の接客に臨めるようになります。

1

クレーム応対の苦手意識がなくなる心がまえ

まずは知りたい心がまえ

お客様と接する仕事で一番大変だと感じるのが、クレーム応対ではないでしょうか。
近年、クレームは増加傾向にあると言われています。この背景としては、

- 様々な企業の不祥事に対して、ユーザーの不信感や疑惑の意識が高まっている
- ちょっとしたガス抜きの会話ができない環境にあり、イライラのはけ口を探している
- SNSやテレビの影響で「損をしない知識」が広まっている

などがあげられます。
しかし、その苦情によって、自社サービスの欠点や弱点がわかるという観点からすれ

ば、クレームはありがたいものと受け止めることもできます。

実際にクレームを言ってくださるお客様のほうが、そのお店や商品に関心が強いと言えます。だからこそ「しっかりと誠意をもってクレームに応対した結果、より深く自社のファンになっていただいた」というケースもよくあることです。

「グッドマンの法則」というものを聞いたことはありますか?

アメリカの顧客サービス消費者行動の研究の第一人者、ジョン・グッドマン氏が提唱した、苦情処理と再購入決定率の相関関係と、口コミの波及効果を測定した結果をまとめたものです。

【クレーム有】↓【迅速な対応に満足】　↓再購入率82％
【クレーム有】↓【対応に満足】　↓再購入率54％
【クレーム有】↓【対応に不満】　↓再購入率0％
【不満があっても言わない人】　↓再購入率9％

クレームはチャンスでもある

クレームの応対が迅速だった場合には、なんと8割以上の方が再購入をしてくださっています。ある一定の満足でも、半分の方が再購入してくださいます。

もちろん応対に不満があれば「もう二度と利用しない」となりますが、不満があっても言わない方（そもそもクレームをしない）でさえ、だいたい10人に9人は自然に離れていくわけです。

ここから読み取れるのは、**クレームが起きることが問題なのではなく、その後の応対の仕方がお客様の印象に強く残る**ということです。

むしろクレームがあることは一つのチャンスで、その後の対応が良ければその商品やサービスの満足度が上がる可能性もあるのです。

お客様は、期待があるからクレームをおっしゃってくれる。そのことを忘れず、ファンになっていただけるよう、集中して応対していきましょう。

POINT

クレームはプラスにも変えられる

2 これで安心！ クレーム応対6つのステップ

この工夫で最後は笑顔で終わる

クレームに対しては、「こうすればお客様はすぐに納得する」という技があるわけではありません。型にはめようとすると、マニュアル的な応対になってしまいます。とはいえ、何か拠り所のようなものがあると、安心して落ち着いて対応できることも事実。

ここでは、お客様の心情に沿った基本的な流れをご紹介したいと思います。

ステップ1　初期対応

まず、私たちが共感を持って聴く姿勢であることが、お客様に伝わる必要があります。お客様はクレームを言う時に、「ちゃんと理解してくれるだろうか」「クレーマーだと思われないかな」と不安な気持ちを持たれているものです。

まず、「私たちはきちんとすべてお話を聴かせていただきます」という表明をするために、**〝お客様の気持ちに焦点をあてたお詫び〟**が必要なのです。

例えば、こんなふうにお伝えしてみてはいかがでしょうか。

「**ご迷惑をおかけし**、申し訳ございません」
「**ご心配をおかけし**、申し訳ございません」
「**不快な思いをさせてしまい**、申し訳ございません」

ここでのポイントは、ただ「申し訳ありません」とだけ言うのではなく、何に対してお詫びをしているのかを添えること。

「最初から謝ってしまって大丈夫だろうか」と心配になるかもしれませんが、主語を言うことによって全面的な謝罪でなく、お客様の気持ちに焦点をあてたお詫びになります。

このような言葉はお客様に与えるイメージとして、玄関先で立ち話でなく、家の中に招かれるような安心感を与え、少しホッとしていただけるのです。

ステップ2　傾聴

お客様と信頼を築くために、お客様の話をしっかりと伺っていきます。

この時に大切なのは、まずはお客様の話を全部聴くことです。途中でお客様が勘違いされていると思ったとしても、口を出さずに最後まで聴くのです。

自分の知識に自信があると、遮って説明しようとしてしまいがちです。でもそれをすると、内容的に正しいことを言っていたとしても、お客様は「話の腰を折られた」「言い訳された！」と感じてしまい、火に油を注ぐ結果となります。

まずはしっかりと、お客様の話を受け止めていきましょう。

ステップ3　状況を把握するための質問

質問によって、お客様の状況を確認していきます。

次にあげる2つの質問の仕方を意識し、使い分けてより正しく把握しましょう。

1　お客様が自由に話せる「オープン質問」

お客様の回答を選択肢で絞り込まず、自由に話せるようにするのがオープン質問です。これを使うと、事実と併せて、お客様の感情を引き出しやすくなります。

例A

お客様「あなたのところの店員さん、態度が悪いよね」

担当者「不快な思いをさせてしまい、申し訳ございません。担当の者はどのような態度だったのか**教えていただけますでしょうか**」

例B

お客様「昨日買ったばかりの○○、もう調子が悪いんですけど」

担当者「昨日ご購入いただいた○○の調子がおかしいとのことですね。恐れ入ります、どのような状態か詳しく**お聞かせいただけますでしょうか**」

オープン質問は、たくさん話していただきやすい分、**お客様の話が飛んだり、長くなるこ**

ともあります。話の切れ目をうまくつかみ、確認や別の質問を入れていきましょう。

2 事実を確認しやすい「クローズ質問」

お客様がYESかNOで答えることができるのが、クローズ質問です。

クローズ質問を使うと焦点を絞り込んだ質問ができ、事実を確認しやすいうえに、お客様に「自分の話を理解しようとしてくれている」と感じていただけます。

先ほどの例AやBの続きを想定すると、以下のような質問が考えられます。

例A **担当者「お客様に確認せず、無理に話を進めていったということですね」**

例B **担当者「スイッチを入れても反応がない、ということでしょうか」**

注意点としては、**クローズ質問は、簡潔に答えやすい分、本音が引き出しにくく一方的になりがち**です。

またそれが続くと、尋問のようにも聞こえてしまいます。

そのため「2、3お伺いしてよろしいでしょうか」と許可を得て、

●「恐れ入りますが」
●「念のための確認ですが」
●「失礼ですが」

などクッション言葉を使いながら、お伺いしましょう。
いかがでしょうか？　オープン質問とクローズ質問の違いはわかりましたか？　状況に合わせて使い分けてみてくださいね。

ステップ4　解決策を提示し、お客様の納得を得る

「こうします」と言い切るよりも、お客様に選んでいただくような言い方も必要です。

「〜いたしますが、いかがでしょう」
「Aの方法とBの方法では、どちらがよろしいでしょうか」

自分で解決策を提示できないと思ったら、「〇分後にご連絡してもよろしいでしょうか」

とお伝えし、上司や先輩などアドバイスをもらえる人に相談しましょう。

遅くとも時間は15分くらいを目処とし、提示をします。

もし15分以上かかりそうなら、一旦お客様に進捗の電話を入れます。

約束した時間を過ぎると、さらにお客様は不信感を抱きます。こまめな連絡がお客様に誠意として伝わるのです。

ステップ5　プラスの印象を与える言葉と感謝の言葉

最後に、お客様にご意見をいただいた感謝を伝えます。

お客様は、本当はクレームなんて言いたくないけれど、「期待が裏切られて残念なことをわかってほしい」「正しいことを伝えたい」と思っていることが多いものです。

その気持ちに対して、感謝の言葉をお伝えしていきましょう。

「このたびは大変申し訳ございません。今後このようなことがないよう、重々注意いたします」

この言葉は悪くはありませんが、謝罪のみになっています。これだけだと、お客様に罪悪感を与えてしまう可能性があります。

それにプラスし、

「このたびは、**ご連絡いただきありがとうございます。**またお気づきの点がございましたらお教えください」

などと感謝の言葉も伝えましょう。

ステップ6 報告・共有する

発生したクレームを活かすことが、再発を防止する業務改善につながります。**安易に「これは解決したから報告しなくてもいい」と思わず、必ず社内で共有します。**

また上司の立場にある人は安易に、「クレームが出ないように」と言わないようにします。なぜなら、かえって萎縮してお客様への接客が消極的になったり、クレームを報告しにくい空気を生んでしまうからです。

クレーム対応 6つのステップ

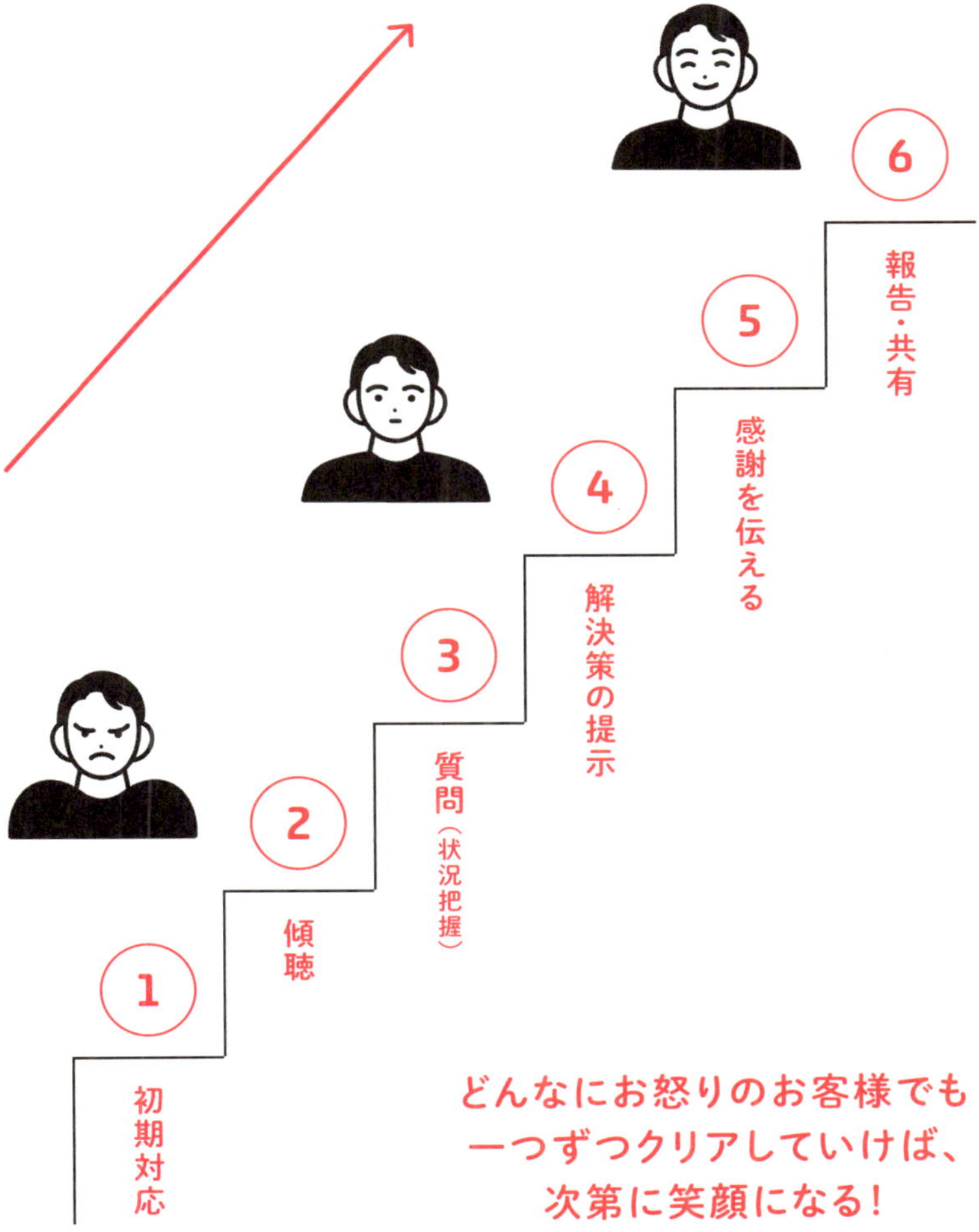

どんなにお怒りのお客様でも
一つずつクリアしていけば、
次第に笑顔になる！

報告を受けた時は、「クレーム報告ありがとう。この経験を全員の財産にして次に活かしていこう」といった類の言葉を伝えてあげることが大切です。

以上、６つのステップを紹介しました。

これをすべてなぞれば大丈夫というわけではありませんが、流れを覚えておくだけでも、いざという時に落ち着いて対処できるはずです。

ぜひ、活用してみてくださいね。

POINT

ステップを踏めば、安心して応対ができる

3 パニックになる前にできること

「なぜ」を考えてみる

前項で、クレーム応対の心がまえと基本応対についてお伝えしました。

しかしそうは言っても、突然のクレームは受ける側もパニックになりがちです。

「どうしていいかすぐに思い浮かばないけれど、お客様の怒りを一刻も早く鎮めて、自分が解決しなきゃ！」と焦る気持ちがパニックを生む大きな要因の一つです。

その結果応対が不十分になり、余計イライラさせて、お客様が離れてしまうのです。


これが重なると、「クレームを起こしてはならない」と強く思うようになります。

そして、あたりさわりのない接客応対しかできなくなったり、何かあった時の言い訳をつくるためのルールがやたら乱立するという悪循環に陥るのです。

では、どうすればパニックにならず、クレームを〝お客様との絆を深める機会〟に変えることができるのでしょうか？

クレーム応対でまず大切なのは、お客様の「感情を受け止める」ことです。

感情を受け止めるとは、なぜお客様がそういう感情になっているのか、その背景に思いをはせるということです。

その際に「私が悪い」とか「私のせいで」とか、自分に関心の矛先を向けないようにします。「お客様の感情＝自分のせい」と勝手に結びつけると、パニックになりやすく、その後の対応がしどろもどろになってしまうからです。

ただお客様の感情と、その背景にあるものだけに思いを向けることが大切です。

誤解を恐れずに言えば、お客様の感情は１００％あなたのせいではありません。

お客様の中で「そうあってほしい、そうあるべきと考えていることが実現できていない」というズレが生じて、それがクレームとしてあらわれているだけなのです。

お客様があなたを責めるような言葉を投げかけてきたとしても、それはあなたを責めたいのではなく、〝自分の気持ちをわかってほしい〟ということなのです。

一つの事例を考えてみましょう。

例 **買った商品が破損していたというクレーム**

「そちらで買ったワンピースのファスナーが壊れていた。電話で問い合わせ、〝新しいものと交換するので在庫を確認し、また連絡します〟と担当の人に言われた。その後3日経っても何も連絡がない。どうなっているんですか」

【想像できること】

- せっかく着るのを楽しみにしていたのに、壊れていてショックだっただろうな
- すぐに連絡をすると言われ待っていたのに、ほったらかしにされて、相当な不信感が募っているんだろうな
- ワンピースは何かのイベントに着て行かれる可能性があるから、間に合うか不安に思っていらっしゃるのではないか

このように、自分がお客様になったかのような感覚で想像すると、クレームの背景にある様々な可能性が浮かんできます。

感情を受け止めた話し方とは

さて、お客様の背景がだいたい想像できたら、それを踏まえて表現していきましょう。ここで2つのパターンを紹介いたします。

×感情を受け止めきれていないパターン

「申し訳ございません、ただ今確認いたします」
「ただ今お調べしますので、少々お待ちいただけますか」
「では、新しいものをすぐに発送します」

○感情を受け止めているパターン

「ご迷惑をおかけしておきながら、さらに交換のご連絡がまだいっていないとのことですね。**大変ご心配をおかけし**申し訳ございません。すぐにお調べして、○分以内にご連絡してもよろしいでしょうか」

感情を受け止めずにお答えしてしまうと、「いや、そういうことじゃなくて！　私が困っていることをわかっているの？」などとお客様を余計怒らせてしまいかねません。

そこまで言葉にされなくとも、イライラは募ります。

最後に、私の友人が体験したエピソードを紹介しましょう。

お子さんと、あるイベントに行って、参加賞のおもちゃをもらえるはずがもらえなかったそうです。ご自身は忘れていたけれど、お子さんは家に帰ってきてから「おもちゃ、なんでもらえなかったんだろう」と泣き出してしまいました。

主催者に電話すると、わざわざ家までその日のうちに、電車を乗り継いでおもちゃを持ってきてくれて、子どもに対して**「おもちゃを楽しみにしていてくれたのに、約束を破って本当にごめんね」**と子ども目線でお詫びをしてくれたそうです。

そのことにいたく感激をした、と話してくれました。

その迅速な応対もさることながら、**「おもちゃを楽しみにしていたのに、もらえなくて悲しい気持ち」という子どもの感情を、受け止めたが故の言葉**だったのだと思います。

組織の一員として仕事をしていると、自分の一存では決められない場合や、システム上お客様のご希望通りに対応できない場合も多いでしょう。

しかし、お客様の気持ちや感情を受け止めることはできます。

「この人は自分の心情をわかってくれている」とお客様が感じれば気持ちもほぐれます。するとクレーム応対をしていたはずが、「話を聴いてくれてありがとうね」という感謝の言葉をいただけることだってあるのです。

まずお客様の感情を受け止める。

それに応じた言葉を返し、誠意をもって応対する。

クレームを通して、あなたのファンをつくることもできるということを、忘れないでくださいね。

POINT

私たちにできるのは、まず心を受け止めること

4 これでクレームは未然に防げる

こんなお客様、いませんか？

さて、ここからはさらに、具体的な場面の応対法についてお伝えします。早めに適切な応対をすることで、クレームを防ぐこともできます。

もちろん、これさえやっていれば大丈夫というものではありませんが、あらかじめ「こんな時はこうしよう」というイメージが頭の片隅にあるだけでも、いざという時、慌てずに済むでしょう。

1 無視をするお客様、無言で指示するお客様

話しかけても無視するのは、あなたのせいではありません。ですから、傷ついたり腹を立てるだけ損。「いろいろあるんだな」「お疲れなんだな」とお気持ちを察しながらも、自

分にダメ出しをしないこと。「必要な時はすぐに参りますね」と声をかけたり、目の動きで「〜してよろしいですか」と確認を取りながらやりとりをします。

2 自分を優先してほしいお客様

お客様対応中に、背後から「ちょっと！ 急いでるんだけど、これどうなってんの⁉」と別のお客様に声をかけられた場合。

まず、接客中のお客様に必ず許可を得て対応します。内容を確認して、時間がかかるようであれば（長くても1分以内に終わらない場合）、他の担当に引き継ぐことを伝え、お待ちいただきましょう。

3 マナーを守らないお客様

いきなり指摘するのは、あまりよろしくありません。まずは「こちらがお伝えしていなくてすみません」というスタンスで、ご協力をお願いするという姿勢が大切です。

表現の仕方も**「〜しないでください」という禁止ではなく、「〜していただきたい」という肯定表現**が相手にとっては受け取りやすいです。

例　禁煙の場で煙草を吸い出した場合

「恐れ入ります。こちらの都合なのですが、お煙草は○○（吸える場所をご案内）でお願いしてもよろしいでしょうか」

例　常識的なマナーに反している場合

ＣＡ時代、機内でゴミを座席の下や通路に捨てているお客様がいました。チーフはこんなふうに声をかけていました。

「お客様、恐れ入ります。機内はお客様のお家と同じように、お過ごしいただきたいのです。ゴミはこちらに入れていただけますか」

「機内でより快適に過ごしていただきたい」という**前向きな理由を提示しながら、お客様に協力を求めていく姿勢でお伝えする。**この伝え方はとても有効だと感じました。

4 他のお客様に迷惑になる行為を行うお客様

迷惑行為にはしっかり、「これは困ります」と毅然と伝えます。

あくまでも丁寧に感じよく、しかしおどおどせず、お腹に力を入れて声を出します。

例 **大声でどなり散らしている場合**

最初のアプローチとしては「お客様、恐れ入りますが、少し場所を移動していただいてもよろしいですか」と**他のお客様から見えない場所に移動**します。

大声で威嚇するという行為は、威力業務妨害に該当する可能性がありますが、確信犯的にやっているというよりも、むしろお客様も自分に歯止めがかからずコントロールできない状態であるケースが多くあります。

そんな時は**場所だけではなく、応対する人を変えることも有効**です。

また、「今、私はとても怖いと思っています」と自分の気持ちをそのまま伝えることで、我に返る方もいます。

5 ご自身の勘違いに気づかずクレームするお客様

例えば、「お客様の使い方が間違っていて壊れた」と推測される場合を指します。そういった場合でも、責めるような言葉は避けます。

×「このように使うと壊れるんです」

○「このように使用すると動きます」

お客様も悪気なく思い込んでいることがあります。

この場合、**「それは違いますよね」といきなり否定はしません。**お客様ご自身が使い方を誤っている点において、こちらに落ち度はないのですが、しかし説明がわかりづらかった可能性もあります。

しなくてもいい問い合わせをするお手数を、お客様におかけしていることも事実です。ですので、「お手数をおかけしています」「ご心配をおかけしています」という言葉で受け止め、事実関係を丁寧に確認しましょう。

誤解をされている場合は、よく話を聴いた後で丁寧に説明します。
そのうえで意図的な言いがかりと判断される場合、丁寧な言葉で毅然とお断りします。

6 意味もなくずっとおしゃべりし続けるお客様

切りの良いところで「～こういうことなんですね」と話をまとめ、

「申し訳ございません。～をしなければならないので」
「お客様がお見えになる予定ですので」

とお伝えしましょう。

お客様の話を中断させるのは、不快に思われるのではないかと心配かもしれませんが、丁寧にお伝えすれば、大抵の場合それで気を悪くされることはありません。

また傍《はた》から見て、対応中のスタッフがうまく中断できず困っている様子を感じたら、チームワークでカバーします。

例えば「〇〇さん、お問い合わせです」と声をかけるなど、事前に対応方法を決めておくのもよいでしょう。

ここにあげたケースはほんの一例です。

ぜひ、あなたの同僚や先輩後輩と互いが体験したケースを、対応方法も含め共有してみてください。多くの事例を共有すれば、いざという時に、スムーズに落ち着いて対応できると思いますよ。

POINT

対応のパターンをいくつか用意しておくとGOOD

5 ［お客様のタイプ別］クレーム応対のヒント

性格によって変わる対応法

接客業をしていると、いろんなタイプのお客様がいらっしゃることに気づきます。タイプによって、大事にされているポイントはそれぞれ違います。クレームの場面でも、タイプに合わせて大事にしている部分を踏まえた応対が求められます。
以下に、お客様のタイプに応じた対応のヒントをあげてみたいと思います。

1 激怒するタイプ

エネルギー量が大きく、大声で怒鳴って怒りをダイレクトに表現するタイプの方です。
正義感が強く、人情家である場合も多いです。

こういった方が怒っている時に、口を挟むことはご法度です。

まずは、真摯にしっかりと話を聴く姿勢を表現しましょう。売り言葉に買い言葉で喧嘩腰になったり、怯えた姿を見せたりすると、逆に相手は自分が責められているように感じます。真摯に真っ直ぐに向き合いながら、「おっしゃっていただいてありがとうございます」とご指摘への感謝の気持ちを伝えていきましょう。

2 思い込みの激しいタイプ

自分が「こうだ」と強く思い込んで、感情的に表現するタイプの方です。

時に話が矛盾して、二転三転することもよくあります。そのため、**途中で少し交通整理をしながら聴いていくことが大切**です。説明の途中で「〜ということですね」と話を整理して、一歩ずつ話をかためていきましょう。

こちらが説明しても、「でもね」と話をひっくり返され堂々巡りになる場合、つい「先ほども申しましたが……」と言ってしまいそうになります。

しかしそのフレーズを言うと、「私が話を聴いていないと言いたいのですか?」と受け取られてしまうので、そこはグッとこらえ、余計な発言はしないこと。

表現を少しずつ変えるといった工夫をしながら、根気よく繰り返し説明していきましょう。

3　論理的なタイプ

客観的に、「それが正しいか正しくないか」という視点を大事にしていらっしゃいます。あらかじめ話すことを準備していることも多いので、「おそらくそう思います」という曖昧な答えを避け、**「はっきりした情報をお伝えしたいので、その件につきましてはすぐに調べてご連絡さしあげてよろしいでしょうか」**と許可を得ましょう。

きちんと説明ができれば、納得していただけます。

このタイプの方は落ち着いたトーンでお話しされる傾向があるので、そのペースに合わせつつも、淡々とならないように気持ちを込めて応対しましょう。

4　粘着質なタイプ

3の方とは逆で、正しいか正しくないかではなく、自分の感情を受け止めてほしいタイプの方です。理屈ではご自身の言っていることが合わなくても、「なんか納得いかない」といった感覚を持っているので、まずはしっかりとその気持ちを受け止めます。

「言っていることはわかるけど」や「あなたが私の立場だったらどう思う?」といった質問

をされるなど、お客様が何を求めているかはっきりしないという特徴があります。

お客様自身も、望んでいることが明確になっておらず、「この気持ちをわかってほしい」という感覚を持たれていることが多いです。

ですので、**お客様の気持ちに焦点をあてて、「〜と思われたのですね」と相づちを打ちながら話を聴きましょう。**

相手に同調してしまうと逆手に取られることもありますので、過剰な理解を示すことはせず、ただ気持ちを吐き出してもらうように心がけましょう。

気持ちを汲んでもらえたと感じると、お客様も次第にクールダウンしていきます。

POINT

お客様の個性を読んで、クレーム応対にあたる

6 事前に知っておきたい、これってカスハラ？

カスタマーハラスメントとクレームの違い

ここまで、クレーム応対の基本をご紹介してきました。

それを押さえたうえで、「カスタマーハラスメント（カスハラ）」が起きたらどうするか、知識や早期に解決するポイントを知っておくことが大切です。

それがあなた自身はもちろん、仲間や会社を適切に守り、ひいては他のお客様にご迷惑をおかけしないことにつながります。


そもそも、カスハラとはなんでしょう？

定義としては嫌がらせや不当、過剰な要求や謝罪を強要するクレームのこと。優位に立てる顧客の立場を利用した八つ当たり、鬱憤を晴らす行為などがこれにあたります。

カスハラとクレームの違いは、要求の正当性にあります。

「クレーム」とは、利用者が事業者に対して商品や対応の至らない点を指摘し、商品の交換や追加サービスの提供、適切な謝罪を求める行為です。

正当な要求やご意見は、業務の見直し改善にもつながります。

それに対し「カスハラ」は、要求内容に妥当性がなく、またその要求手段が脅迫まがいな点にあります（要求を伴わない嫌がらせも含む）。

何を持って悪質と判断するのか線引きが難しく、会社として基準を設けて対応策を準備し、共有する必要があります。

不当とされる可能性が高いものの例をあげますと、

- ミスに対して過大な要求をする（例：料理に髪の毛が入っていた！　気分が悪いから帰りのタクシー代を出せ）
- 「馬鹿野郎！」などの暴言、罵倒する言葉を浴びせ続ける
- 「本社に行って暴れるぞ！」「ネットで悪評をばら撒くぞ！」など脅す

●執拗な電話、居座りなど長時間拘束をする

カスハラに対しての具体的な対応例

まずは、カスハラとしての対応の前に、逆撫でしないようクレーム応対の基本を徹底します。そのうえで、**こちら側がお気持ちに寄り添う意味での、謝罪の意思を示しながらも「できないことはできない」「やめてほしい」と冷静に伝えることが大切**です。

人間は誰しも初めてのことに対して、不安や恐怖心を抱くもの。

あらかじめカスハラ事例や対応策を頭に入れておくのとおかないのでは、大きな違いがでます。対応の例をご紹介しましょう。

暴言

「周囲の方のご迷惑になるため、そのような発言はおやめください」

「そのような発言は望んでおりません。お控えください」

などと伝える。それでもやめない場合、

「侮辱罪に当たる可能性があります」

「これ以上は、対応の記録として録音させていただきます」

と伝え、退去を求める。

何度も不合理な問い合わせ

連絡先を取得し、窓口は一本化する。やりとりを記録し、説明を十分に果たしたうえで、「私どもとしてはこれ以上の対応は致しかねます」と次回からは問い合わせに対応できない旨を知らせる。

拘束、居座り

膠着《こうちゃく》状態になり、一定の時間（社内で取り決めておく）を超える場合、「どうかお引き取りください」と伝える。伝えたのにも関わらず居座る場合は、「不退去罪が成立する可能性があります」と伝える。

暴力

安全確保のため一定の距離を保つ。警備員や応援をすぐに要請し、警察に通報する。

執拗に土下座を迫る

「土下座はいたしかねます」と伝え、それでも執拗に強要する場合「土下座の強要は、強要罪に当たる可能性があります」と伝える。

いざという時、サービスからリスク管理への切り替えが難しい、怖さで声が出ない、と感じる方も多いと思います。**一度でもいいので、練習として以下のような言葉を声に出してみることをお勧めします。**

「私どもとしては、応じることはいたしません」
「これ以上の対応は致しかねます、お引き取りください」
「これ以上そのようなことをされる場合、警察を呼びます」

こういったことを言う機会がないに越したことはないですが、そんな場面になった時には姿勢を正し、真顔で、お腹に力を入れて伝えましょう。

カスハラに対して不適切な対応をしてしまうと、その後要求がエスカレートする可能性があるため、その場しのぎの対応はかえって大きな代償となります。

その場で判断するのが難しいカスハラ。

「今すぐに結論を出せ」と言ってくる場合もあり、相手の勢いで、怖気づいてしまいそうな場面でも、**その場で要求に応じるのは絶対ＮＧ**なのです。

一筆書くように相手から迫られた場合は、上長や会社に相談をするなどの対応にして、相手の要求に応じないようにします。「一人では判断ができない」「大切なことなので即答できない」といった主張を繰り返し伝えます。

何より大事なのは、カスハラには一人ではなく、組織で知恵と力を合わせること。

「何かおかしい」と感じたら、早めに上司や同僚にＳＯＳを発信できるような体制を整えておきましょう。

それでは今一度ポイントを押さえます。

- おかしい、と思ったら複数で対応する
- 理不尽な要求には応じない
- あらかじめ方針を明確にし、共有しておく

もちろん安易に「カスハラだ！」と決めるのは、会社や組織としての信用を失います。

ただ、災害もそうですが、どう備えるかでその後の対応の難易度が違ってきます。

厚生労働省のホームページで閲覧できる「カスタマーハラスメント対策企業マニュアル」も確認しておくことをお勧めします。

POINT

一線を越えた方には、毅然と対応する

7 お客様の〝言葉の裏〟にあるものを読み取る

いわれのない文句をつけられたら

時に理不尽なクレームを受けることがあるでしょう。そんな時に知っておいていただきたいことがあります。

一つのエピソードとともに、ご紹介します。

私の知人に、お宅に訪問して庭のお手入れをするサービスをしている人がいます。

ある日、一人暮らしの男性のお客様のお宅で庭を手入れしていた時のことです。

突然、「おまえ、この植木鉢壊しただろ！」と家主である男性が、烈火のごとく怒り出しました。

しかし、その知人は壊した覚えはありません。

ですので「いえ、壊してないです。最初から壊れていました」と伝えました。

それでも、「嘘をつくな、お前がやったんだろ！」と詰め寄られます。男性のあまりの剣幕に、思わず「だから、やっていませんよ!!」と強い口調で言い返してしまったそうです。

その後も、「やった・やらない」の押し問答が続き、結局そのまま納得してもらえず、うやむやな状態で帰ることになりました。

やりもしない罪を着せられ、怒鳴り散らされ、「なんて嫌な日だったんだ！」とその日は家に帰っても気持ちがおさまらず、家族にも愚痴をこぼしたそうです。

しかし時間の経過とともに、冷静になると、ふとこんなふうに思ったそうです。

「あんなに急に怒り出すなんて、ひょっとしてあの植木鉢には、私にはわからない思い入れがあったのかな……。

確かに私は壊してないけれど、強い口調で言い返すのはよくなかった。まず気持ちをわかってあげるような言葉をかけていれば、違っていたかもしれない」

そのお客様は、毎年庭の手入れを頼んでくれていた方でした。

なので、もしまた来年も依頼があれば希望して行かせてもらおう、そしてその時に「感情的に言い返してすみませんでした」と、今回のことをお詫びしようと思っていました。

しかし、お客様は亡くなられ、結局お詫びはできずじまいになってしまったそうです。

行動の裏にある気持ちを汲み取る

お客様の応対で大切なことの一つに、「**お客様の気持ちを察すること**」があります。

お客様がなぜ今そういう言動や態度をとるのか、気持ちをわかってさしあげる。


サービスという言葉の意味には、形あるものや経済的に価値あるもののやりとりという意味の他に「奉仕する」という意味があります。奉仕とは相手を大事にする気持ちが元になって、言葉にあらわしたり、行動するということです。

お客様の気持ちを理解しようとするプロセス、そしてそれがお客様にも伝わることが、その場の満足度を大きく左右するのかもしれません。

その際に、大切なことは何でしょうか？

先述の知人の例でみると、「植木鉢を壊した」と言われたことに対して、壊していない知人が「私は壊していない」と言い返す。

内容に関して言えば正しいわけです。壊していないものは壊していない。

しかし、ここでは主張の正しさを証明することが大切なのでしょうか?

まさにこういう場面でこそ、内容の正しさよりも相手の心情を慮《おもんぱか》ること、お気持ちを察して、わかってさしあげること。そして、そこからコミュニケーションをしていくことが大切なのです。

例えば、「大事な植木鉢だったんですね」とお伝えしてもよかったかもしれません。

人は、ずっと一つの感情にはとどまりません。

怒りの感情も次第に変容していきます。

「自分のことをわかってくれている」または「わかろうとしてくれている」という態度や言動に触れることで、怒りは静まり、逆に今まで以上に信頼されたり、より心を開いてくれるものなんですね。

正しいか正しくないかではなく、お客様の気持ちをわかってさしあげること。

この視点、感覚を大切にもってほしいなと思います。

POINT

どんなクレームにも必ず理由がある

8 誤解やすれ違いを防ぐ、とっておきの方法

イメージをすり合わせる

私の友人が、結婚式の準備をしている際のエピソードを話してくれました。

結婚式は実に様々な準備があります。来ていただく方にいかに喜んでもらうか、新郎新婦は、自分たちの満足以上にそこに気を配るものです。

その中でも、披露宴のイメージはとても大切な関心ごと。メインテーブルのお花、各卓のお花など、イメージはなんとなくあるのですが、どんなアレンジかは当日にならないとわからない。自分にはフラワーアレンジに関する知識がないので、イメージをうまく担当の方にお伝えできているか不安だったそうです。

そんな時、担当の方が、具体的なお花の名前や組み合わせを提案してくださったそう。おかげで自分のイメージ通りの空間になることがわかり、ホッとしたとのこと。

お客様の思い描いていたものと、こちらが用意したものがズレて「イメージと違う！」とトラブルになることは少なくありません。

お客様は、ご自身のイメージを十分表現できているとは限りません。むしろ、表現しきれていることのほうが少ないかもしれません。

語彙を増やそう

人それぞれ知識や経験、考え方には差があるので、それを埋めながらイメージをすり合わせていく必要があります。

その際、いろんな種類の言葉を使えると、イメージをすり合わせやすくなります。

色を表現する場合

明るい色：あたたかい　活き活きとした　華やか　健康的

強い色：あでやか　きりりとした　エネルギッシュな　躍動感のある

深い色：つややか　伝統的な　リッチな　安心感のある

透明感のある色：澄んだ　涼しげ　クールな　爽やかな
パステルカラー：柔らかな　優しい　可憐な　甘い
くすんだ色：粋な　落ち着いた　繊細　上品な　ナチュラルな
暗めの色：正統派　クラッシック　大人っぽい　知的な

デザインの印象を表現する場合

ポップな　優雅な　大胆な　洗練された　スイートな　スタイリッシュな
スマートな　親しみやすい　重厚な　斬新な　ゴージャスな　エレガントな

言葉の引き出しが多いほど、お客様のぼんやりとしているイメージを上手に引き出せる可能性が高まります。

普段から、素敵な表現や上手な言い回しを見つけたら、ぜひストックしていきましょう。

さらに可能であれば、イメージできる画像を用意すると間違いが起きにくいです。タブレットなどで一緒に確認しながら進めていくと、より安心していただけるでしょう。

また、マーケティングの世界には、「お客様は本当にほしいものをイメージできない」という言葉があります。「お客様の多くはすでにあるものから想像をするので、今ないものはイメージするのが難しい」という意味です。

そこでプロとして、写真やイメージも交えながら提案していくと、お客様の当初の想像を超えて、より満足度の高い提案も可能になります。

すべての業界に当てはまるかはわかりませんが、先述したブライダルの業界や、レストラン、ホテルなどでは特に有効です。

安易にわかったつもりにならず、しっかりとイメージをすり合わせる。

ぜひ、意識をしてみてくださいね。

POINT

お客様のニーズを汲み取るために言葉を磨こう

Column

一生使える「クレーム応対フレーズ集」

言葉遣い一つで、お客様の気持ちはガラリと変わります。
ここでは、よく使うクッション言葉やフレーズを集めてみました。
咄嗟の対応の際に、ぜひ活用してみてください。

クッション言葉

「恐れ入りますが」
「念のため、いくつか確認させて
いただいてもよろしいでしょうか」
「失礼ですが」
「あいにくではございますが」
「誠に残念ですが」

お詫び

「ご迷惑をおかけし、
大変申し訳ございません」
「私どもの不行き届きで
大変失礼いたしました」
「さぞ、ご不快な思いを
されたことと存じます」
「ご不便をおかけし、申し訳ございません」
「お役に立てず、恐縮です」

感謝

「このたびは、ご連絡をいただき
ありがとうございます」
「ご指摘をいただきありがとうございます」
「お教えいただき、ありがとうございます」
「貴重なご意見をいただき、
ありがとうございます」
「ご協力いただき感謝いたします」

共感

「〜ということですね」（事実に対して）
「〜と思われるのですね」（感情に対して）
「詳しいご事情は承知いたしました」
「ご意見はごもっともでございます」
「お気持ち、お察しいたします」

第6章

もっと仕事が
誇らしく楽しくなる

「自分磨きの習慣」

日々の小さな積み重ねは、お客様だけでなくあなた自身を幸せにします。

終章では、接客のプロが実践している習慣を紹介するとともに、忙しい時でもできるちょっとしたレベルアップのコツを集めました。

「接客が楽しい」「誇りを感じる」——。

きっとそんな毎日がめぐってくるでしょう。

1 できる人が必ずやっている3つの習慣

〝想像〟と〝行動〟はワンセット

ここまでいかがでしたでしょうか？

接客サービスの基本について、おわかりいただけたことと思います。

最後に、接客サービスのスキルをより高めるための、日々の習慣についてお伝えします。

さて、「気遣いは後天的」と87ページでご紹介しましたが、実は気遣いができる人は接客中以外でも、常にアンテナをたて、お客様のことを考えています。

それがわかるエピソードを一つご紹介しますね。


ある暑い日のこと。スペイン料理の店に入りました。

オーダーしたランチセットにドリンクがついていたので、涼しさを求めてアイスティーを注文しました。ところが、お店の冷房が強く効いていたため、お昼どきの忙しい時に申し訳ないなと思いながらも、「アイスティーをホットティーに変更してほしい」とお願いしました。すると、その言葉に店員さんが反応して「寒いですか？　冷房を調節しますね」と対応してくれました。

寒さも落ち着いて頼んだアツアツのパエリアを食べていたら、今度はだんだん暑くなってきました。さすがにまた変更するのは申し訳ないなあ……と考えていると、先ほどの店員さんがやって来て、**「パエリアを召し上がると暑くなりますよね。冷房も調整しました、アイスティーに戻されますか？」**と聞いてくれたのです。

ランチタイムの忙しい時間にもかかわらず、このような対応をしてもらい、「なかなかできないことだよなあ」と感心するとともに、このような応対が自然とできていることに感動してしまいました。

そう、気遣いができる人は、時に人を感動させることもできるんですよね。

この店員さんのように、気遣いがうまい人には次の3つの習慣があると思います。順にあげていきましょう。

1 とにかく周囲やその場の状況をよく見ている

以前プライベートで、接客コンテスト上位の方と一緒に旅行する機会がありました。その方は、訪れたレストランや観光施設で、「あれはいいね！ これはちょっといらないよね」など気づいたことを逐一メモしていました。大変じゃないのかなと思って訊いてみると、**せっかく気づいてもどんどん忘れてしまうのでメモしている**と教えてくれました。

メモもさることながら、その観察力、アンテナを高く保ち、自分が改善できることを常に学ぼうとする姿勢に驚きました。

接客力がある人は、仕事以外でも呼吸をするように、自分の仕事に応用できそうなことをよく見て、よく聴いています。

こういうとなんだかストイックで大変そうに聞こえますが、その方はとても楽しそうにやっています。好奇心とでもいうのでしょうか？ 周囲やその場の状況をよく見ていると、普段は気にも留めないようなことに気づき、それが楽しさにつながっていくそうです。

2 想像力・連想力が高い

「疑問を持って検証していく力」と言い換えることもできますが、**周囲の状況を観察したら、「あのお客様は、何をしてもらえたら嬉しいんだろう？」と仮説を立てます。**

例えば、先ほどのスペイン料理の店員さんは、〝パエリアを食べると暑くなるよな、食後のドリンクはアイスティーに戻したいと思っているかもしれないけれど、言い出しにくいだろうな〟と、一歩先を考えてくれていたのかもしれません。

想像力と連想力を高めるポイントは、周囲やお客様に興味を持ってみること。

もし、自分がお客様の立場だったら、何をしてもらえたら嬉しいかなと考えることが、気遣いの大切なポイントです。

3 行動に移している

アンテナを張って観察し、そこから得た情報を元に想像したら、行動に移すことが大切です。1と2ができても、3がなかなかできない人は割と多いものです。

「でも、もしそうじゃなかったらどうしよう？」とか「いやでも、もしそれをやって逆に気分を害してしまったら」とか「まあ、すぐにしなくても、もう少し様子を見よう」と心の中で思うだけで、行動に移せないのです。

確かによかれと思ってやった結果、お客様からの反応がないこともあります。**しかし良いことを思いついても実行しなければ、何も相手には伝わりません。繰り返しになりますが、やらなければゼロかマイナスです。**

思いついたことを行動に移す勇気、相手の懐に踏み込む勇気が必要です。気遣いのできる人は、良い意味で「おせっかい」と言えるかもしれません。予想が外れる場合もあるでしょう。**しかし気遣いをしてくれた、という気持ちを嫌がる人はいません。**

もし、あなたが「この人は気遣いが上手だな」と思う人と出会ったら、それを真似するところから始めてみてはいかがでしょうか。

きっと、この3つをしていると思います。そういう様子をまずは真似てみること。すると少しずつ、でも着実に、接客スキルは高まっていきます。

POINT

とにかく「考えたらトライすること」が大切

2 日常のささいなことも接客力向上につながる

同じ映画を3回観るわけ

「プロ」という言葉を聞くと、あなたはどんなイメージを抱くでしょうか?

ヨーロッパでは、職業倫理としてのプロという概念が確立しています。そこでいうプロとは、「高度な倫理観と知識技術を持ち、それを顧客のために使う」存在です。

そういう意味では、私の友人・知人にはたくさんのプロがいます。

彼ら彼女らがすごいのは、自然としかも楽しみながら、日常を知識技術向上の場にしてしまうことです。

ホテルマンの友人は、オフでも自然に人間観察をしてしまうと言っていました。

例えば、電車で乗り合わせた人々の服装や会話から「この駅で降りそうだな、これからこんなところに行くのかな」と無意識に考えて、当てて楽しんでしまうそうです。

また知り合いの美容師さんは、映画もただ漠然と観るのではなく、角度を変えて観るといろんなことに気づける、と教えてくれました。特に気に入った映画は、3回観るといろんな人の考えに思いを巡らすことができ、自分の思い込みを防ぐことに役立つとのこと。

- 1回目は、主人公になったつもりで観る
- 2回目は、脇役で気になった人の視点で観る
- 3回目は、監督の言いたかったことを考えながら観る

私もまた、〝素敵な接客をする人だな！〟と感じる人を見つけたら、「スキルアップのためにしていること」を聞いてみるようにしています。

どんなことからでも学び、自分の血や肉に変えていくというのは、プロとしての自分を高めていく一つかもしれません。

POINT

どんなことも学びに変える

3 ONでは演じ、OFFでは素に戻る

自分を疲れさせ過ぎない工夫

お客様に最高のサービスを提供するためには、疲れをできるだけ後に残さないコンディショニングも非常に大切です。

仕事における疲労の多くは、体よりも頭や心に貯まります（もちろん職種によりますが）。

頭の疲れや気疲れには、適度な運動や無理のないストレッチが有効です。ウォーキングもいいかもしれません。手軽にでき、頭をからっぽにできたり、前向きな気持ちにもなるのでお勧めです。

こういった体を動かす習慣は、自分の体調管理・健康づくりにとっても、非常に良いものですので、ぜひ取り入れてみてください。

仕事とプライベートのうまい切り替え方

しかし、この疲れとはなかなか奥が深く、自分の精神状態や人との関係性の中で変化します。接客業に慣れない頃の私は、毎日クタクタになって、家では泥のように眠っていました。それは、私の性格にも多分に関係がありました。

その大きな要因は２つです。

「人の目が異常に気になること」と「失敗を引きずってしまうこと」でした。

慣れない頃は特に、自分が何かすることによってどんな反応が返ってくるのか予想がつかず、それが怖くて精神的な疲労を相当に感じていました。

また、ミスをして先輩に注意されたり、お客様からクレームを受けたりすると、必要以上に落ち込み、ダメージを引きずることもよくありました。

失敗して自己嫌悪になったり、お客様の反応、怒りをすべて自分に向けられたものとしてまともに受け取ったり……、疲労感と倦怠感がドッシリと体にのしかかっていました。

ある時、そんな私の考え方を少し変えるきっかけがありました。

それは、ディズニーランドのエピソードにあったのです。

ご存知かもしれませんが、ディズニーランドでは働くスタッフのことを「キャスト（役者）」、お客様を「ゲスト」と呼びます。ディズニーランドでは施設はもちろん、ゴミ箱やベンチなど一つひとつがテーマに沿ってつくられていて、そこで働くキャストも、テーマに沿った役割をそれぞれが演じています。

園内の掃除をするキャストも、コミカルに掃き掃除をしたり、雨上がりに雨水でミッキーやミニーの絵を描いてゲストを楽しませたりもします。キャストたちは文字通り、**そのままの自分ではなく、その舞台で求められる役者として振る舞う**のです。

このエピソードを読んだ時、**「役者のように振る舞うことで、そこで起きたことを素の自分ではなく、一つの出来事として受け取ることができるのではないか？」**と思いました。

それからは、意識上では、自分を舞台でどう動かすか、少し離れた場所で監督になったつもりで客観視して接客に臨みました。

すると、反省はしても自分の感情の波に飲み込まれることが、どんどん少なくなったのです。

そのような考えを持って以来、プライベートで落ち込むことがあっても、仕事では切り替え、コンディションを保てるようになりました。

また、演じるためには、舞台に立つ〝切り替えスイッチ〟も必要です。

それは髪を整えることであったり、ネクタイを結ぶことだったり、鏡の前で「よし！」と自分に声をかけたり、人それぞれ。**自分のお決まりの儀式（ルーティーン）を決めると、切り替えスイッチが入りやすいものです。**

一流と呼ばれるプロたちの多くは、何らかのルーティーンを持っています。

さあ、いかがでしょうか？　ここでは「自分を磨く」「頭と心と体を整える」という観点で、プロとしての気がまえを書きました。もちろんプロとしてできることは、他にもたくさんあると思います。あなた自身が、一人のプロとしてできることはなんでしょう？

自分なりのプロ像やプロとしての気がまえを、ぜひつくりあげていってください。

POINT

パフォーマンスを発揮するために、コントロールする術を持つ

4 周りから学ぶ姿勢を常に持ち続けて

月日が経つと誰も教えてくれなくなる

接客応対のスキルは生まれ持ったものではなく、経験を通して後天的に身につけるものですから、誰でも高めていくことができます。

ところが、**自分が果たしてちゃんとできているのか、そうではないのか、自己確認がしづらいもの**でもあります。

社会の中では、基本的なマナーやコミュニケーションというのは「できて当たり前なもの」として考えられています。

このため、学生や新入社員ならいざ知らず、ある程度の年齢になってくると、周囲からは当然身についているものだと期待されます。

もし、あなたがある程度の年齢に達している場合、仮にあなたのマナーやコミュニケーションに改善点があったとしても、周りは「年長者にこんな基本的なことを指摘するのは失礼かな」と遠慮してしまい、注意できない場合もあります。

業務上に必要な知識や技術なら教えられるけど、気遣いについては教えられる自信がなかったり、あえて指摘するものでもないと考える傾向にあります。

ですから普通に過ごしているだけでは、周囲からフィードバックを得られず、結果として克服できない、またはしづらいものなのです。

そうやって周りから指摘されない状態が続くと、自分では気づかないうちに、評価が下がることもあります。

では、こうした基本的なマナーやコミュニケーションの不十分さを克服し、高めていくにはどうすればよいのでしょうか？

周りを味方につけて、スキルを磨く

私も意識している、シンプルですぐに結果につながる良い方法があります。

それは、「周りの人に協力してもらう」ことです。

あなたの職場の同僚や、プライベートの友人に**「私のマナーやコミュニケーションで気になるところや、直したほうがいいところを教えてほしい」**と質問してみましょう。

周りの人は、普段は気になるところがあっても「本当は言いたいけど失礼かな」と遠慮しがち。質問することで、「あっ、言ってもいいんだ」とわかり、指摘してくれるでしょう。

一緒に多くの時間を過ごしている人からのフィードバックは、あなたのマナーやコミュニケーションを高める貴重なヒントになるはずです。

そしてその繰り返しが、接客応対のスキルを高めることにつながります。

少し恥ずかしいかもしれませんが、ぜひ自分から声がけしてみてくださいね。

POINT
アドバイスを常に吸収し続けよう

おわりに　いつまでも、「新しい発見」を楽しもう

最後までお読みくださり、ありがとうございます。

２０１６年に刊行した『一生使える「接客サービスの基本」』は、接客サービス業に携わるたくさんの方にご支持いただき、版を重ねてきました。

そして、このたび、時代に合わせた「リメイク版」に刷新する運びとなりました。

昨今、働く環境にも目が向けられ、接客する側の人権を守る「カスタマーハラスメントに対しての基本方針」を打ち出す企業も増えてきました。

ただ、時が経っても変わらないのは、接客の仕事には様々な発見があり、たくさんの工夫ができる仕事だということです。

ＣＡとして仕事を始めて半年が経った頃、新人訓練を担当してくれた教官にばったり会って、こんな声をかけてもらいました。

「毎日何か新しいことに出会えてる？　発見がまだまだある？」

当時は、毎日上司や先輩に指導されてばかりで、「私、この仕事に向いていないのかな」と落ち込むことも多かった時期。そんな時に、尊敬する教官から「発見がある？」と言われ、「そうだ、まだ出発点にいるから、初めてのことも起こるし失敗も多い。でも、新たな発見があるうちはやってみよう」と気持ちを切り替えたのでした。

接客は対人の仕事なので、１００％の正解があるわけではありません。**なんでもお客様の言いなりになるのは、もちろん違います。**

大切なのは、相手を理解したうえで、どう対応するか自ら考えることです。

理解を示すと、お客様は不安な気持ちが落ち着きます。寄り添ってくれたのだから、こちらも話を聞いてみようか、そんな協力関係にもなりやすいです。

そのうえで、「目の前のことを楽しむ！」と決めること。

今を楽しんで、できることに全力を注ぐ。それが結果として、より良い方向へ未来を切り開くことにつながります。その瞬間を好ましいものにするためのヒントと方法を、本書から得ていただけたら本当に幸いです。

三上ナナエ

あらゆるタイプのお客様に選ばれる

一生使《いっしょうつか》える「接客《せっきゃく》サービス」の教科書《きょうかしょ》

2024年10月31日　　初版発行

著　者……三上《みかみ》ナナエ

発行者……塚田太郎

発行所……株式会社大和出版

東京都文京区音羽1-26-11　〒112-0013

電話　営業部03-5978-8121／編集部03-5978-8131

https://daiwashuppan.com

印刷所／製本所……日経印刷株式会社

装幀者……三森健太（JUNGLE）

装画者……SHIMA

ISBN978-4-8047-1913-9